AF551839

IMPRESSUM

Math. Lempertz GmbH
Hauptstraße 354
53639 Königswinter
Tel.: 02223 / 90 00 36
Fax: 02223 / 90 00 38
info@edition-lempertz.de
www.edition-lempertz.de

 Dieses Kochbuch wurde nach bestem Wissen und Gewissen verfasst. Weder der Verlag noch der Autor tragen die Verantwortung für ungewollte Reaktionen oder Beeinträchtigungen, die aus der Verarbeitung der Zutaten entstehen. Der Markenname „Thermomix®" ist rechtlich geschützt und wird nur als Bestandteil der Rezepte verwendet. Für Schäden, die bei der Zubereitung der Gerichte an Personen oder Küchengeräten entstehen, wird keine Haftung übernommen. Bitte beachte die Anwendungshinweise der Gebrauchsanweisung deines Thermomix®gerätes.

www.facebook.com/MIXtippRezepte

Titelbild: ©Elisa Tschiplakow
Lektorat: Annemarie Ulrich, Tatjana Bork
Layout/Satz: Kerstin Pfeiffer
Druck und Bindung: NEOGRAFIA, a.s., Slowakei, www.neografia.sk
ISBN: 978-3-96058-384-4
Fotos: ©Elisa Tschiplakow
©Adobe Stock: jchizhe, lukas_zb

ELISA TSCHIPLAKOW

Vegetarisch schlemmen

Einfache Rezepte mit und ohne Thermomix®

LEMPERTZ

Inhalt

Good Fast Food

Pizza, Pasta & Quiches

Risotto & Risoni

Suppen

Kartoffel dich glücklich

Vegetarisch schlemmen – lasst euch inspirieren!

Gerne möchte ich mich euch kurz vorstellen: Mein Name ist Elisa, ich koche für mein Leben gerne und halte dies auf meinem Blog und meinem Instagram-Account *Elisakocht* in Bildern fest. Seit sieben Jahren versorge ich meine Follower dort regelmäßig mit einfachen und alltagstauglichen Rezepten.
Da ich mich vor einigen Jahren entschieden habe, kein Fleisch mehr zu essen, ist natürlich auch mein Instagram-Account vegetarisch geworden. Manchmal wage ich mich auch an vegane Rezepte.

Hierbei ist es mir immer wichtig, nicht mit dem erhobenen Zeigefinger darauf zu pochen, kein Fleisch mehr zu essen. Ich möchte einfach nur kreative Ideen liefern, wie man sich mal fleischlos ernähren kann, und das (aus meiner Sicht) abwechslungsreich und ohne Verzicht. Manchmal erreichen mich Nachrichten von Followern, die sich für die Rezepte bedanken und mir schreiben, dass sie durch die Inspirationen viel häufiger fleischlos kochen und dabei nichts vermissen.

Und genau das möchte ich auch mit meinem Buch bezwecken! Es erwarten euch 62 vegetarische Rezepte, die einfach nachzukochen sind und die ihr super in euren Alltag integrieren könnt.

Ich nehme euch mit ans Mittelmeer, zeige euch die Vielfalt Asiens und auch im Orient machen wir einen Stopp! Ihr seht, dass euch eine bunte Mischung aus abwechslungsreichen Rezepten erwartet. Natürlich sind auch klassische gut bürgerliche Gerichte mit dabei, die ich vegetarisch abgewandelt habe.

Und was auch bei mir nicht fehlen darf: Good Fast Food, denn es geht doch nichts über einen guten Burger oder ein deftig-vegetarisches Chili sin Carne.

Das Besondere an meinem Buch ist, dass ich für euch alle Rezepte für die Zubereitung mit und ohne Thermomix® konzipiert habe. Ihr lasst euch gerne von dem Küchenallrounder helfen? Dann orientiert euch jeweils an dem ersten Rezept. Oder bevorzugt ihr die klassische Zubereitung? Dann ist für euch die jeweils zweite Zubereitungsmethode gedacht.

Ich hoffe, ihr probiert euch durch ganz viele Rezepte und habt genauso viel Freude an vegetarischer Küche wie ich!

Last but not least ein paar Worte, die mir persönlich am Herzen liegen, denn es ist nicht selbstverständlich, dass man so selbstlos unterstützt wird:
Ich möchte mich von ganzem Herzen bei meinen lieben Freundinnen Chrisi und Vicy bedanken, die mich – ohne zu zögern – beim Erstellen von Inhalten und Bildern unterstützt haben. Ein großes Dankeschön geht an die Edition Lempertz, die mir diese tolle Chance gegeben hat, mein eigenes Kochbuch zu veröffentlichen. Der größte Dank aber geht an meinen Lebensgefährten Jens: Danke für deine Geduld, deine „Popotritte", deine ermutigenden Worte, dein Interesse an dem, was ich mache, deine Motivation und nicht zuletzt, danke für das Ertragen des regelmäßigen Küchenchaos.

Genug der sentimentalen Worte:
Ich wünsche euch nun ganz viel Freude mit meinem Buch, kocht fleißig nach und lasst euch inspirieren!

Alles Liebe!
Eure Elisa

Grundrezepte

Currypasten

Seitdem ich einen Thermomix® habe, mache ich so viele Sachen selbst, angefangen bei der Gemüsepaste über selbstgebackenes Brot bis zu den verschiedenen Currypasten. Es ist geschmacklich einfach ein großer Unterschied zu gekauften Produkten und man weiß einfach, was man isst.
Aber auch ohne Thermomix® könnt ihr diese Pasten ganz einfach selbst machen, zum Beispiel mit einem kleinen Mixer oder auch einem Mörser!

Zubereitungszeit: 5 Minuten
Schwierigkeitsgrad: leicht
Zutaten für 3 Gläser à 40 g pro Currypaste
Utensilien: 3 saubere Einmachgläser à 40 g

Zutaten Gelbe Currypaste

2 Stängel Zitronengras, in Stücken
50 g frischer Galgant oder Ingwer, geschält, in Stücken
5 Schalotten, halbiert
3 Knoblauchzehen
2 TL Kreuzkümmelsamen
2 EL Koriandersamen
3–6 rote Chilischoten, getrocknet, nach Geschmack
1 EL Kurkuma, gemahlen
1 EL Salz
½ TL Zimt, gemahlen

Zutaten Grüne Currypaste

3–6 grüne Chilischoten, in Stücken
2 grüne Paprika, in Stücken
5 Schalotten, halbiert
¼ Bund Koriander
¼ Bund Petersilie
2 Stängel Zitronengras, in Stücken
20 g frischer Ingwer, geschält, in Stücken
1 TL Salz
2 TL Tamarindenpaste
1 EL Koriandersamen
2 EL Limettensaft + Abrieb der Bio-Limette
2 Knoblauchzehen

Zutaten Rote Currypaste

5–6 rote Chilischoten, getrocknet
1 Stängel Zitronengras, in Stücken
4 Knoblauchzehen
3 Schalotten, halbiert
1 TL Salz
3 Kaffir-Limettenblätter
15 g frischer Ingwer, geschält, in Stücken
2 TL Koriandersamen
2 TL Kreuzkümmel, gemahlen
1 EL Pflanzenöl

1. Für alle Currypasten die jeweiligen Zutaten in den Mixtopf geben, **4 Sekunden/ Stufe 7** zerkleinern, mit dem Spatel nach unten schieben und erneut **4 Sekunden/ Stufe 7** zerkleinern.
2. In Gläser abfüllen und kühl aufbewahren. Im Kühlschrank sind die Pasten 2 Monate haltbar.

1. Alle Zutaten in einen Mixer geben und zu einer homogenen Paste verarbeiten. Alternativ könnt ihr auch alle Zutaten in einem Mörser zerkleinern, es dauert allerdings etwas länger!
2. In Gläser abfüllen und kühl aufbewahren. Im Kühlschrank sind die Pasten 2 Monate haltbar.

Selbstgemachte BBQ-Sauce

Wenn ihr dieses Rezept einmal getestet habt, werdet ihr nie wieder BBQ-Sauce kaufen! Eine echte Geschmacksexplosion, die bei mir zu keinem Grillen mehr fehlen darf! Achtet bitte unbedingt darauf, dass ihr eine reife Mango nehmt, sonst fehlt der Sauce die nötige Süße!

Zubereitungszeit: 10 Minuten
Schwierigkeitsgrad: leicht
Utensilien: 1 sterilisierte Flasche oder Einmachglas à 300 g

Zutaten (für 300 g)

150 g Mango, geschält, in Stücken
2 EL Tomatenmark
2 EL Ahornsirup
1 EL Aceto Balsamico
½ Chilischote, getrocknet
30 g Cornichons
6 Tropfen Liquid Smoke, z.B. online erhältlich
80 g Wasser

1. Alle Zutaten in den Mixtopf geben, **8 Sekunden/ Stufe 8** pürieren.
2. Die Sauce **8 Minuten/ 100°C/ Stufe 2** einköcheln lassen. Anschließend die Sauce noch heiß in eine saubere Flasche oder ein Einmachglas füllen.

1. Alle Zutaten in einen Standmixer geben, alternativ mit einem Stabmixer hantieren, und fein pürieren.
2. Die Sauce in einen kleinen Topf geben und 7 Minuten einköcheln lassen. Anschließend die Sauce noch heiß in eine saubere Flasche oder ein Einmachglas füllen.

Selbstgemachte Burgersauce

Zu einem anständigen Burger gehört eine gute Burgersauce. Ich habe viele getestet, keine hat mich so wirklich überzeugt, daher habe ich eine eigene kreiert, die nicht nur besser schmeckt, sondern auch noch vegan ist!

Zubereitungszeit: 5 Minuten
Schwierigkeitsgrad: leicht

Zutaten (für 300 g)
1 Gewürzgurke
1 kleine Schalotte, halbiert
200 g vegane Mayonnaise
1 EL Ketchup
1 TL Tomatenmark
1 TL Senf
1 Schuss Weißweinessig
½ TL Salz
1 Prise Pfeffer

1. Gewürzgurke und Schalottenhälften in den Mixtopf geben und **3 Sekunden/ Stufe 6** zerkleinern. Die Stücke mit dem Spatel nach unten schieben und vegane Mayonnaise, Ketchup, Tomatenmark, Senf, Weißweinessig, Salz und Pfeffer hinzufügen.
2. Die Zutaten **6 Sekunden/ Stufe 3** vermengen und die Sauce frisch servieren.

1. Gewürzgurke und Schalotte sehr fein schneiden und in eine Schüssel geben. Vegane Mayonnaise, Ketchup, Tomatenmark, Senf, Weißweinessig, Salz und Pfeffer dazugeben und alles gut vermengen. Die Sauce frisch servieren.

Gemüsepaste

Selbstgemacht ist einfach immer besser! Das trifft auch auf diese Gemüsepaste zu. Sie ist eine tolle Alternative zu Brühwürfeln oder Pulver und verleiht euren Gerichten eine schmackhafte Würze! Ich verwende sie für alle Gemüsegerichte, Suppen und Saucen. Für 500 g Wasser reicht 1 TL zum Würzen.
Einige von euch kennen die Paste vielleicht schon, ich habe hier das Rezept auch ohne Thermomix® verewigt. Aber Achtung: Bitte probiert die Paste nicht pur, sie schmeckt viel zu salzig und intensiv, aber man leckt ja auch nicht an einem Brühwürfel.

Zubereitungszeit: 40 Minuten
Schwierigkeitsgrad: leicht
Utensilien: 4 sterilisierte Einmachgläser à 200 g

Zutaten (für etwa 4 Gläser)

200 g Staudensellerie, in Stücken
250 g Möhren, geschält, in Stücken
100 g Zwiebeln, halbiert
100 g Tomaten, in Stücken
150 g Zucchini, in Stücken
1 Knoblauchzehe
50 g frische Champignons, geputzt, je nach Größe halbiert
1 Lorbeerblatt, getrocknet, optional
6 Zweiglein gemischte, frische Kräuter, z.B. Basilikum, Salbei, Rosmarin
4 Stängel Petersilie
120 g grobes Salz
30 g trockener Weißwein
30 g Wasser
1 EL Olivenöl

1. Staudenselleriestücke, Möhrenstücke, Zwiebelhälften, Tomatenstücke, Zucchinistücke, Knoblauch, Champignons, Lorbeerblatt, abgezupfte gemischte Kräuter und Petersilienblätter in den Mixtopf geben, mithilfe des Spatels **10 Sekunden/ Stufe 7** zerkleinern und mit dem Spatel nach unten schieben.
2. Salz, Wein, Wasser und Olivenöl zugeben, anstelle des Messbechers den Gareinsatz als Spritzschutz auf den Mixtopfdeckel stellen und **25–30 Minuten/ Varoma/ Stufe 2** einkochen. Die Mischung dickt dabei an und wird ziemlich trocken.
3. Gareinsatz zur Seite stellen, Messbecher einsetzen und die Paste **1 Minute/ Stufe 4–7** schrittweise ansteigend pürieren. Die Paste in 4 Gläser umfüllen und abkühlen lassen, bevor sie verwendet oder im Kühlschrank aufbewahrt wird. Im Kühlschrank aufbewahrt ist die Paste 3 Monate haltbar.

1. Gemüse klein schneiden und ca. 15 Minuten in einer heißen Pfanne in Olivenöl andünsten. Sämtliche Gewürze und Kräuter mit dazugeben und mit dem Pürierstab zerkleinern.
2. Salz, Wein und Wasser dazugeben und alles 25–30 Minuten einkochen lassen. Bei Bedarf nochmal pürieren. Die Paste in Gläser abfüllen, dann ist sie im Kühlschrank für 3 Monate haltbar!

Vegane Parmesan-Alternative

Hinweis: Parmesan ist nicht vegetarisch!

Für alle, die erst damit anfangen, sich mit vegetarischer Ernährung zu befassen, mag es komisch klingen, aber Parmesan ist tatsächlich nicht vegetarisch! Er enthält tierisches Lab, welches nur von toten Tieren gewonnen werden kann, indem die Enzyme aus den Mägen der Wiederkäuer mit einer speziellen Lösung extrahiert werden. Daher greife ich immer auf eine vegane Alternative zurück. Wer es gerne selbst einmal versuchen möchte, greift einfach zu diesen 4 simplen Zutaten zurück:

Zubereitungszeit: 5 Minuten
Schwierigkeitsgrad: leicht

Zutaten (für ca. 90 g)

85 g Cashewkerne
15 g Hefeflocken, diese verleihen einen käsigen Geschmack
½ TL Salz
2 Prisen Knoblauchpulver

1. Alle Zutaten für die vegane Parmesan-Alternative in den Mixtopf geben und **10 Sekunden/ Stufe 10** zerkleinern.

1. Alle Zutaten in einen Standmixer geben und zermahlen, bis die Konsistenz an geriebenen Parmesan erinnert. Vorsicht: nicht zu lange mahlen, sonst kann es sein, dass das Öl aus den Cashewnüssen austritt.

Hinweis: Wenn ihr nicht immer Zeit habt, euch diese vegane Alternative selbst herzustellen, könnt ihr auch auf Alternativen aus dem Supermarkt zurückgreifen. Mein Lieblingsprodukt ist Prosociano von Violife. Den habe ich auch bei den Rezepten als Beispiel-Produkt angeben.

Mediterran

„Fleischbällchen" in Tomatensauce mit Spaghetti

Es gibt inzwischen so viele tolle Fleischersatzprodukte. Angefangen von Soja bis hin zu fertigen Produkten, die geschmacklich wirklich gut sind. Ich habe mich aber trotzdem dazu entschieden, Kidneybohnen als Basis für meine „Fleischbällchen" zu nehmen. In der fruchtigen Tomatensauce schmecken sie richtig gut und peppen das Standardgericht Spaghetti mit Tomatensauce super auf!

Zubereitungszeit: 25–30 Minuten
Backzeit: 30 Minuten
Utensilien: Backblech, Backpapier

Zutaten (für 2 Portionen)

Für die Bällchen:

50 g Parmesan-Alternative, z.B. Prosociano von Violife
1 Dose Kidneybohnen, 255 g Abtropfgewicht
½ rote Zwiebel
1 Knoblauchzehe
½ Bund Petersilie
100 g Haferflocken, kernig
½ TL Kreuzkümmel, gemahlen
½ TL Salz
¼ TL Pfeffer
1 EL Öl

Für die Fleischbällchen:

1. Den Backofen auf 175°C Ober-/Unterhitze vorheizen und ein Backblech mit Backpapier belegen.
2. Parmesan-Alternative in den Mixtopf geben und **5 Sekunden/ Stufe 8** zerkleinern, danach umfüllen. Kidneybohnen gut abtropfen lassen und auf dem vorbereiteten Backblech ausbreiten. Die Kidneybohnen im vorgeheizten Ofen 12 Minuten/ 175°C Ober-/Unterhitze backen, damit sie austrocknen. Danach den Ofen auf 180°C Ober-/Unterhitze weiter vorheizen.
3. Zwiebelhälfte, Knoblauch und Petersilienblätter in den Mixtopf geben und **5 Sekunden/ Stufe 5** zerkleinern. Die Reste mit dem Spatel nach unten schieben. Beiseitegestellte zerkleinerte Parmesan-Alternative, getrocknete Kidneybohnen, Haferflocken, Kreuzkümmel, Salz und Pfeffer zugeben und **5 Sekunden/ Stufe 7** vermischen. Mit dem Spatel nach unten schieben. Wenn die Masse noch zu stückig ist, erneut **4 Sekunden/ Stufe 6** vermischen. Aufpassen, dass keine Paste entsteht, die Masse darf ruhig noch eine stückige Konsistenz haben.
4. Mit den Händen kleine Bällchen formen, auf das vorbereitete Backblech legen und dünn mit Öl bepinseln. Anschließend im vorgeheizten Ofen 18 Minuten/ 180°C Ober-/Unterhitze backen.

Für die Tomatensauce:
1 Knoblauchzehe
1 Zwiebel, halbiert
20 g Olivenöl
1 TL Zucker
50 g Weißwein
1 TL Gemüsepaste, siehe Seite 14
200 g Kirschtomaten, halbiert
1 Dose stückige Tomaten, 400 g
30 g Parmesan-Alternative, z.B. Prosociano von Violife
1 TL Oregano, getrocknet
½ TL Kräuter der Provence, getrocknet
½ TL Salz

außerdem:
300 g Spaghetti
halbierte Kirschtomaten und Basilikum zum Garnieren

Währenddessen für die Tomatensauce:

5. Knoblauch und Zwiebelhälften in den sauberen Mixtopf geben und **5 Sekunden/ Stufe 5** zerkleinern. Mit dem Spatel nach unten schieben, Olivenöl hinzufügen und **3 Minuten/ 120°C/ Stufe 1** andünsten. Zucker hinzufügen, nochmal für **2 Minuten/ 100°C/ Stufe 1** andünsten. Mit Weißwein und Gemüsepaste ablöschen. Die Mischung **5 Minuten/ 100°C/ Stufe 2** köcheln lassen.
6. Die halbierten Kirschtomaten dazugeben und die Zutaten **5 Sekunden/ Stufe 5** zerkleinern. Dosentomaten, Parmesan-Alternative, Oregano, Kräuter der Provence und Salz hinzugeben und für **10 Minuten/ 100°C/ Stufe 1** köcheln.
7. Spaghetti nach Packungsanweisung kochen. Die Bällchen nach der Backzeit aus dem Ofen nehmen und mithilfe des Spatels unter die Tomatensauce mischen. Die Spaghetti mit der Sauce anrichten, wahlweise mit halbierten Kirschtomaten und Basilikumblättern garnieren und servieren.

Zubereitungszeit:
25–30 Minuten
Backzeit: 30 Minuten
Utensilien: Backblech, Backpapier

Zutaten (für 2 Portionen)

Für die Bällchen:

50 g Parmesan-Alternative, z.B. Prosociano von Violife
1 Dose Kidneybohnen, 255 g Abtropfgewicht
½ rote Zwiebel
1 Knoblauchzehe
½ Bund Petersilie
100 g Haferflocken, kernig
½ TL Kreuzkümmel, gemahlen
½ TL Salz
¼ TL Pfeffer
1 EL Öl

Für die Tomatensauce:

1 Knoblauchzehe
1 Zwiebel, halbiert
2 EL Olivenöl
1 TL Zucker
50 g Weißwein
1 TL Gemüsepaste, siehe Seite 14
200 g Kirschtomaten, geviertelt
1 Dose stückige Tomaten, 400 g
30 g Parmesan-Alternative, z.B. Prosociano von Violife
1 TL Oregano, getrocknet
½ TL Kräuter der Provence, getrocknet
½ TL Salz

außerdem:

300 g Spaghetti
halbierte Kirschtomaten und Basilikum zum Garnieren

Für die Fleischbällchen:

1. Den Backofen auf 175°C Ober-/Unterhitze vorheizen und ein Backblech mit Backpapier belegen.
2. Parmesan-Alternative reiben und zur Seite stellen. Kidneybohnen gut abtropfen lassen und auf dem vorbereiteten Backblech ausbreiten. Im vorgeheizten Backofen 12 Minuten/ 175°C Ober-/Unterhitze backen, damit sie austrocknen. Danach den Ofen auf 180°C Ober-/Unterhitze weiter vorheizen.
3. Zwiebel und Knoblauch fein würfeln, Petersilie hacken. Zusammen mit den restlichen Zutaten für die Bällchen, einschließlich Parmesan-Alternative, in einen Mixer geben und zu einer körnigen Masse mixen. Aufpassen, dass keine Paste entsteht, die Masse darf ruhig noch eine stückige Konsistenz haben.
4. Mit feuchten Händen kleine Bällchen formen, auf das vorbereitete Blech legen und dünn mit Öl bepinseln. Anschließend 18 Minuten/ 180°C Ober-/Unterhitze im vorgeheizten Backofen backen.

Währenddessen für die Tomatensauce:

5. Knoblauch und Zwiebel würfeln und in einer Pfanne mit Öl ca. 2 Minuten dünsten. Zucker hinzufügen und kurz karamellisieren lassen. Mit Weißwein und Gemüsepaste ablöschen und 5 Minuten köcheln lassen.
6. Die Kirschtomaten vierteln und zusammen mit Dosentomaten, Parmesan-Alternative, Oregano, Kräutern der Provence und Salz hinzugeben und für 10 Minuten köcheln lassen.
7. Spaghetti nach Packungsanweisung kochen. Die Bällchen nach der Backzeit aus dem Ofen nehmen und mithilfe des Spatels unter die Tomatensauce mischen. Die Spaghetti mit der Sauce anrichten, wahlweise mit halbierten Kirschtomaten und Basilikumblättern garnieren und servieren.

Gefüllte Tomaten mit Parmesankruste

Wie auch bei meinem Zitronenrisotto (siehe Seite 128) wird hier gezeigt, wie man Risotto-Reste sinnvoll verwenden kann. Hier kommt eine zweite Variante, bei der das Risotto in ausgehöhlte Tomaten gefüllt wird und mit einer leckeren Parmesankruste im Ofen überbacken wird. Dazu könnt ihr einen frischen Rucola-Salat reichen und habt ein super Mittagessen ohne viel Aufwand!

Zubereitungszeit: 5–10 Minuten
Backzeit: 15–20 Minuten
Schwierigkeitsgrad: leicht
Utensilien: 1 Auflaufform

Zutaten (für 2 Portionen)
40 g Parmesan-Alternative, z.B. Prosociano von Violife
50 g Butter, in Stücken
1 EL Pankomehl
1 EL gemischte Kräuter, TK
½ TL Salz
4 mittelgroße Tomaten
4 EL Risotto-Reste vom Vortag
frische Petersilie zum Garnieren

1. Parmesan-Alternative in den Mixtopf geben, **5 Sekunden/ Stufe 8** zerkleinern und mit dem Spatel nach unten schieben. Butter, Pankomehl, Kräuter und Salz zugeben und **3 Sekunden/ Stufe 6** vermischen. Den Backofen auf 200°C Ober-/Unterhitze vorheizen.
2. Von den Tomaten eine ganz dünne Scheibe am Boden abschneiden, damit sie nicht umfallen. Deckel abschneiden und das Innere aushöhlen. Risotto in die Tomaten füllen und mit der Käsemischung bestreuen.
3. Die gefüllten Tomaten in eine Auflaufform setzen und im vorgeheizten Backofen für 15–20 Minuten/ 200°C Ober-/Unterhitze backen, bis die Kruste schön knusprig ist. Mit frisch gehackter Petersilie servieren.

1. Parmesan-Alternative fein reiben und mit Butter, Pankomehl, Kräutern und Salz mit einer Gabel zu einer Masse vermengen. Den Backofen auf 200°C Ober-/Unterhitze vorheizen.
2. Von den Tomaten eine ganz dünne Scheibe am Boden abschneiden, damit sie nicht umfallen. Deckel abschneiden und das Innere aushöhlen. Risotto in die Tomaten füllen und mit der Käsemischung bestreuen.
3. Die gefüllten Tomaten in eine Auflaufform setzen und im vorgeheizten Backofen für 15–20 Minuten/ 200°C Ober-/Unterhitze backen, bis die Kruste schön knusprig ist. Mit frisch gehackter Petersilie servieren.

Kartoffelpfanne mit Mojo Rojo

Mojo habe ich das erste Mal in meinem Fuerteventura-Urlaub gegessen. Direkt am Strand bei strahlendem Sonnenschein, zusammen mit Patatas bravas (Kartoffeln in Salz). Die Mojo gibt es in einer roten (Mojo Rojo) und einer grünen (Mojo Verde) Version und sie ist eine Spezialität der kanarischen Küche. Bei diesem Rezept erhalten die Kartoffeln und das Gemüse einen tollen, kräftigen Geschmack. Den Rest der Mojo könnt ihr ganz einfach im Kühlschrank aufbewahren.

Zubereitungszeit: 5 Minuten
Backzeit: 25 Minuten
Schwierigkeitsgrad: leicht
Utensilien: 1 tiefe Auflaufform

Zutaten (für 3–4 Portionen)

Für die Mojo Rojo:
200 g Olivenöl
2 EL Weißweinessig
3 Knoblauchzehen
1 Chilischote, in Stücken
2 gegrillte Paprika, aus dem Glas
½ TL Kreuzkümmelpulver
1 TL Paprikapulver
100 g Tomatenmark
1 TL Meersalz
½ TL Pfeffer

außerdem:
400 g kleine Kartoffeln, festkochend, geviertelt
4 EL Olivenöl
1 rote Zwiebel, in Scheiben
200 g Bratpaprika (Pimientos de Padrón), in Scheiben
1 große Tomate, in Scheiben
150 g Feta, zerbröselt
etwas Petersilie zum Garnieren
½ TL Meersalz

1. Alle Zutaten für die Mojo Rojo in den Mixtopf geben und **10 Sekunden/ Stufe 8** pürieren. Den Backofen auf 200°C Ober-/Unterhitze vorheizen.
2. Ungeschälte, gewaschene Kartoffelviertel und Olivenöl in eine tiefe Auflaufform geben und gut vermengen. Im vorgeheizten Backofen 15 Minuten/ 200°C Ober-/Unterhitze vorgaren.
3. Aus dem Ofen holen und mit Zwiebel-, Bratpaprika- und Tomatenscheiben und 2 EL der Mojo Rojo vermengen. Mit Feta bestreuen und nochmals für 10 Minuten im Ofen backen.
4. Mit Petersilie und Salz bestreuen und zum Servieren die übrige Mojo Rojo reichen.

1. Alle Zutaten für die Mojo Rojo in einen hohen Behälter geben und mit einem Stabmixer pürieren, alternativ im Standmixer pürieren. Den Backofen auf 200°C Ober-/Unterhitze vorheizen.
2. Ungeschälte, gewaschene Kartoffelviertel und Olivenöl in eine tiefe Auflaufform geben und gut vermengen. Im vorgeheizten Backofen für 15 Minuten/ 200°C Ober-/Unterhitze vorgaren.
3. Aus dem Ofen holen und mit Zwiebel-, Bratpaprika- und Tomatenscheiben und 2 EL der Mojo Rojo vermengen. Mit Feta bestreuen und nochmals für 10 Minuten im Ofen backen.
4. Mit Petersilie und Salz bestreuen und zum Servieren die übrige Mojo Rojo reichen.

Kichererbsen-Tomatensalat mit Feta

Mögt ihr es auch, wenn eure Küchengeräte all eure Arbeit erledigen und ihr so kaum etwas in der Küche tun müsst? Ich mag das sehr, weil ich dann meine Zeit effektiv für andere Sachen nutzen kann, zum Beispiel ein Kochbuch schreiben.
Der Thermomix® rührt alle Zutaten, während der Ofen die Kichererbsen und den Feta gart.
Kein großer Abwasch, kein großer Zeitaufwand, genau mein Geschmack!

Zubereitungszeit: 5 Minuten
Backzeit: 10 Minuten
Schwierigkeitsgrad: leicht
Utensilien: Backblech, Backpapier

Zutaten (für 2 Portionen)
250 g Kichererbsen, aus der Dose, Abtropfgewicht
4 EL Olivenöl
½ TL Kreuzkümmel, gemahlen
1 TL Garam Masala, gemahlen
500 g Feta
½ Bund Petersilie, glatt + einige gehackte Blätter zum Garnieren
1 kleine rote Zwiebel, halbiert
500 g Kirschtomaten, halbiert
1 EL weißer Balsamico-Essig
½ TL Salz

1. Den Backofen auf 225°C Ober-/Unterhitze vorheizen.
2. Kichererbsen abtropfen lassen und mit 2 EL Öl, Kreuzkümmel und Garam Masala vermengen. Auf einem Backblech mit Backpapier verteilen, Feta daneben setzen, etwas mit Olivenöl beträufeln und im vorgeheizten Backofen 10 Minuten/ 225°C Ober-/Unterhitze anrösten.
3. Petersilie in den Mixtopf geben, **5 Sekunden/ Stufe 5** zerkleinern und die Reste mit dem Spatel nach unten schieben. Zwiebelhälften zugeben und nochmals **5 Sekunden/ Stufe 5** zerkleinern, dann mit dem Spatel nach unten schieben. Kirschtomaten, Essig, Salz, das restliche Öl und die Kichererbsen aus dem Ofen ebenfalls in den Mixtopf geben und **8 Sekunden/ Linkslauf/ Stufe 1** vermengen.
4. Zusammen mit dem Feta und Petersilie garniert servieren.

Tipp

Für den nächsten Tag, den Salat in ein Glas mit Drehverschluss geben, übrigen Feta darüberstreuen und euer Lunch to go ist fertig!

1. Den Backofen auf 225°C Ober-/Unterhitze vorheizen.
2. Kichererbsen abtropfen lassen und mit 2 EL Öl, Kreuzkümmel und Garam Masala vermengen. Auf einem Backblech mit Backpapier verteilen, Feta daneben setzen, etwas mit Olivenöl beträufeln und im vorgeheizten Backofen 10 Minuten/ 225°C Ober-/Unterhitze anrösten.
3. Kichererbsen aus dem Ofen holen und abkühlen lassen. Petersilie fein hacken, Zwiebel würfeln und mit Kirschtomaten, restlichem Olivenöl, Essig und Salz mischen. Kichererbsen zugeben und nochmals gut vermengen. Zusammen mit dem Feta und Petersilie garniert servieren.

Süsskartoffel-Zucchini-Auflauf mit herzhaftem Veggie-Hack

Ein normaler Kartoffel-Hack-Auflauf ist mir schlichtweg zu langweilig, daher gibt es bei mir die aufgepeppte Variante mit Zucchini und Süßkartoffeln. Wie der Name schon verrät, zaubert die Süßkartoffel eine dezente Süße in das Gericht, welche aber nicht zu dominant ist, sondern super zu den restlichen Zutaten passt.

Zubereitungszeit: 30 Minuten
Backzeit: 20 Minuten
Ruhezeit: 10 Minuten
Schwierigkeitsgrad: mittel
Utensilien: Gemüsehobel, 1 Auflaufform

Zutaten (für 4 Portionen)

2 mittelgroße Süßkartoffeln, geschält, in feine Scheiben gehobelt
2 Zucchini, in feine Scheiben gehobelt
150 g Soja-Schnetzel, getrocknet, z.B. von Vantastic Foods
400 g kochendes Wasser
1 TL Gemüsepaste, siehe Seite 14
1 TL Sojasauce
3–4 Spritzer Liquid Smoke, z.B. online erhältlich
150–200 g Gouda, am Stück
1 große Zwiebel, geviertelt
1 Knoblauchzehe
3 EL pflanzliches Öl
2 EL Tomatenmark
150 g Rotwein
1 Dose stückige Tomaten, 400 g
1 TL Salz
½ TL Pfeffer
1 TL Oregano, getrocknet
1 TL Basilikum, getrocknet
100 g Crème fraîche

1. Die Süßkartoffeln schälen. Mit einem Gemüsehobel die Zucchini und die Süßkartoffeln in feine Scheiben hobeln, ca. 3 mm dick.
2. Soja-Schnetzel mit kochendem Wasser übergießen und mit Gemüsepaste, Sojasauce und Liquid Smoke würzen. Ca. 10 Minuten ruhen lassen und anschließend die überschüssige Flüssigkeit abgießen.
3. Den Käse in den Mixtopf geben, **8 Sekunden/ Stufe 5** zerkleinern und in eine separate Schüssel umfüllen. Den Backofen auf 220°C Ober-/ Unterhitze vorheizen.
4. Zwiebelviertel und Knoblauch in den Mixtopf geben und **5 Sekunden/ Stufe 5** zerkleinern. Die Reste mit dem Spatel nach unten schieben, das Öl in den Mixtopf geben und die Zutaten **3 Minuten/ 120°C/ Linkslauf/ Stufe 1** andünsten. Die abgetropften Soja-Schnetzel und das Tomatenmark dazugeben, **10 Minuten/ 100°C/ Linkslauf/ Stufe 2** dünsten, nach 5 Minuten durch die Deckelöffnung den Rotwein einfüllen und weiter köcheln lassen.
5. Nach Ende der Kochzeit sollten die Soja-Schnetzel den Rotwein eingesogen haben. Nun stückige Tomaten, Salz, Pfeffer, Oregano und Basilikum in den Mixtopf geben und **8 Minuten/ 100°C/ Linkslauf/ Stufe 2** köcheln lassen.
6. Eine dünne Schicht der Soja-Schnetzel-Sauce in eine Auflaufform geben, mit den Süßkartoffel- und Zucchinischeiben belegen. Ein paar Tupfer Crème fraîche darauf geben und dann mit der nächsten Schicht Soja-Schnetzel-Sauce weitermachen. Solange wiederholen, bis die Masse aufgebraucht ist, zum Schluss erneut ein paar Tupfer Crème fraîche auf den Auflauf geben und mit dem geriebenen Käse bestreuen.
7. Den Auflauf im vorgeheizten Backofen 20 Minuten/ 220°C Ober-/ Unterhitze backen.

1. Die Süßkartoffeln schälen. Mit einem Gemüsehobel die Zucchini und die Süßkartoffeln in feine Scheiben hobeln, ca. 3 mm dick.
2. Soja-Schnetzel mit kochendem Wasser übergießen und mit Gemüsepaste, Sojasauce und Liquid Smoke würzen. Ca. 10 Minuten ruhen lassen und anschließend die überschüssige Flüssigkeit abgießen. Käse grob reiben. Zwiebel in Würfel schneiden, Knoblauch fein hacken. Den Backofen auf 220°C Ober-/Unterhitze vorheizen.
3. In einer Pfanne Öl erhitzen und Zwiebel und Knoblauch darin glasig dünsten. Soja-Schnetzel dazugeben und 5 Minuten anbraten. Anschließend das Tomatenmark mit in die Pfanne geben und anrösten. Nach 2–3 Minuten mit Rotwein ablöschen und alles schön einköcheln lassen. Wenn der Rotwein verdampft ist, die stückigen Tomaten und die Gewürze hinzufügen und nochmal 5–6 Minuten weiter köcheln lassen.
4. Eine dünne Schicht der Soja-Schnetzel-Sauce in eine Auflaufform geben, mit den Süßkartoffel- und Zucchinischeiben belegen. Ein paar Tupfer Crème fraîche darauf geben und dann mit der nächsten Schicht Soja-Schnetzel-Sauce weitermachen. Solange wiederholen, bis die Masse aufgebraucht ist, zum Schluss erneut ein paar Tupfer Crème fraîche auf den Auflauf geben und mit dem geriebenen Käse bestreuen.
5. Den Auflauf im vorgeheizten Backofen 20 Minuten/ 220°C Ober-/Unterhitze backen.

Überbackene Spinat-Ricotta-Wraps auf Bolognesesauce

Zubereitungszeit: 30 Minuten
Backzeit: 15 Minuten
Schwierigkeitsgrad: leicht
Utensilien: 1 Auflaufform

Zutaten (für 4 Portionen)

Für die Bolognese:

1 kleine Möhre, geschält, in Stücken
1 kleine Zwiebel, halbiert
½ Stange Staudensellerie, in Stücken
1 EL pflanzliches Öl
50 g Tomatenmark
200 g Veggie-Hack, z.B. Veganes Mühlen Hack von der Rügenwalder Mühle
100 g Rotwein
150 g passierte Tomaten
1 TL Salz
½ TL Pfeffer
½ TL Paprikapulver, edelsüß
½ TL Oregano, getrocknet

Für die Füllung:

1 Zwiebel, halbiert
1 Knoblauchzehe
1 EL pflanzliches Öl
200 g Spinat, frisch, grob geschnitten
200 g Ricotta
100 g Frischkäse
½ TL Salz

außerdem:

4 Tortilla-Wraps
150 g geriebener Käse
1 Frühlingszwiebel, in Ringen

Eine tolle Kombination, die die Vitamine vom Spinat mit einer deftigen Bolognese vereint. Statt der Wraps könntet ihr auch Cannelloni füllen, aber ich hatte die Teigfladen gerade im Haus. Die Reste lassen sich super am nächsten Tag im Büro in der Mikrowelle aufwärmen. Eure Kollegen werden euch beneiden.

1. Möhrenstücke, Zwiebelhälften und Selleriestücke in den Mixtopf geben, **5 Sekunden/ Stufe 5** zerkleinern und die Reste mit dem Spatel nach unten schieben. Öl und Tomatenmark dazugeben und **4 Minuten/ 100°C/ Stufe 2** dünsten. Den Backofen auf 200°C Ober-/Unterhitze vorheizen.
2. Veggie-Hack in den Mixtopf dazugeben und **5 Minuten/ 100°C/ Stufe 1** dünsten. Mit Rotwein ablöschen und passierte Tomaten, Salz, Pfeffer, Paprikapulver und Oregano hinzufügen. Die Sauce **10 Minuten/ 100°C/ Linkslauf/ Stufe 2** köcheln lassen und in eine Auflaufform umfüllen.
3. Für die Füllung Zwiebelhälften und Knoblauch in den sauberen Mixtopf geben, **4 Sekunden/ Stufe 4** zerkleinern und die Reste mit dem Spatel nach unten schieben. Öl und Spinat dazugeben und **4 Minuten/ 100°C/ Stufe 2** dünsten.
4. Ricotta, Frischkäse und Salz in den Mixtopf dazugeben, **7 Sekunden/ Stufe 3** vermengen. Die Spinat-Ricotta-Masse auf die Wraps geben, einrollen, jeweils in 6 Scheiben schneiden und mit der Schnittkante nach oben auf die Bolognese-Masse in die Auflaufform setzen und leicht in die Sauce hineindrücken.
5. Mit dem Käse bestreuen und im vorgeheizten Ofen 15 Minuten/ 200°C Ober-/Unterhitze überbacken. Mit Frühlingszwiebelringen bestreut servieren.

1. Möhre, Zwiebel und Sellerie fein würfeln. Öl in einem Topf erhitzen und das Gemüse ca. 4 Minuten anbraten. Tomatenmark dazugeben und anrösten. Den Backofen auf 200°C Ober-/Unterhitze vorheizen.
2. Das Veggie-Hack dazugeben und anbraten, bis es Farbe bekommt.
3. Mit Rotwein ablöschen und kurz weiter köcheln lassen. Anschließend die übrigen Zutaten für die Bolognese mit einrühren und weitere 10 Minuten köcheln lassen. Die Sauce in eine Auflaufform geben.
4. Für die Füllung der Wraps die Zwiebel würfeln, den Knoblauch hacken und beides in einer Pfanne in Öl kurz glasig braten. Den Spinat mit in die Pfanne geben und bei mittlerer Hitze weiter dünsten, bis der Spinat zusammengefallen ist. Die Spinat-Mischung mit Ricotta und Frischkäse vermengen. Mit Salz abschmecken.
5. Die Spinat-Ricotta-Masse auf die Wraps geben, einrollen, jeweils in 6 Scheiben schneiden und mit der Schnittkante nach oben auf die Bolognese-Masse in die Auflaufform setzen und leicht in die Sauce hineindrücken.
6. Mit dem Käse bestreuen und im vorgeheizten Ofen 15 Minuten/ 200°C Ober-/Unterhitze überbacken. Mit Frühlingszwiebelringen bestreut servieren.

Vegane Pilz-Bolognese

Veganes Hackfleisch habe ich schon in mehreren Varianten zubereitet. Dabei greife ich gerne mal auf veganen Fleischersatz aus der Kühltheke oder auf Sojagranulat zurück. Bei diesem Rezept sind die Pilze der Hauptgeschmacksträger.

Zubereitungszeit: 35 Minuten
Einweichzeit: 10 Minuten
Schwierigkeitsgrad: leicht

Zutaten (für 4 Portionen)

20 g Steinpilze, getrocknet
600 g Pilze nach Wahl, geputzt
1 Fleischtomate, in Stücken
1 kleine Möhre, geschält, in Stücken
1 Stange Staudensellerie, in Stücken
2 rote Zwiebeln, halbiert
2 EL Olivenöl
1 EL Tomatenmark
120 g Rotwein
2 EL Sojasauce
2 kleine Dosen geschälte Tomaten à 425 g
1 TL Gemüsepaste, siehe Seite 14

1. Die Steinpilze 10 Minuten in lauwarmem Wasser einweichen. Anschließend durch ein Sieb abgießen und gut ausdrücken.
2. 300 g der frischen Pilze in den Mixtopf geben, **8 Sekunden/ Stufe 6** zerkleinern, in eine separate Schüssel umfüllen und mit den anderen 300 g und den Steinpilzen genauso verfahren und ebenfalls umfüllen.
3. Die Fleischtomatenstücke in den Mixtopf geben, **4 Sekunden/ Stufe 5** zerkleinern und ebenfalls umfüllen.
4. Möhrenstücke, Selleriestücke und Zwiebelhälften in den Mixtopf geben, **6 Sekunden/ Stufe 5** zerkleinern und mit dem Spatel nach unten schieben. Öl, Tomatenmark und Pilze zugeben und **5 Minuten/ 100°C/ Linkslauf/ Stufe 1** anrösten. Mit Rotwein ablöschen und **5 Minuten/ 100°C/ Linkslauf/ Stufe 1** einköcheln.
5. Nun die Fleischtomatenstücke, die Sojasauce, die geschälten Tomaten und die Gemüsepaste zugeben und **20 Minuten/ 100°C/ Linkslauf/ Stufe 1** kochen lassen.

1. Die Steinpilze 10 Minuten in lauwarmem Wasser einweichen. Anschließend durch ein Sieb abgießen und gut ausdrücken.
2. Alle Pilze ganz fein hacken oder in einem Mixer zerkleinern. Dabei aufpassen, dass sie nicht zu klein werden.
3. Möhre, Sellerie, Zwiebel und Fleischtomate fein würfeln. Öl in einer Pfanne erhitzen, Gemüse zusammen mit den Pilzen dazugeben und scharf anbraten. Tomatenmark zugeben und 3–4 Minuten anrösten. Mit Rotwein ablöschen und 5 Minuten einköcheln lassen. Sojasauce, geschälte Tomaten und Gemüsepaste zugeben und 20 Minuten kochen lassen.

Tipp

Die Bolognese könnt ihr nicht nur super zu Pasta essen, sondern zum Beispiel auch eine herzhafte Pizza damit bestreichen. Die Masse einfach auf einen Pizzaboden geben, frische Zwiebeln und Käse darüber geben und im Ofen backen! Ein echter Gaumenschmaus!

Zucchinipuffer mit Dip

Vor einem Jahr habe ich meine eigenen Zucchini angepflanzt. Wer das schonmal gemacht hat, weiß, dass man in der Erntezeit gefühlte 20 Kilo Zucchini an einem Tag erntet. Also muss man ein bisschen kreativ werden und etwas Abwechslungsreiches aus der kleinen Kürbispflanze zaubern. So ist auch dieses tolle Gericht entstanden, das immer mal gerne auf den Tisch kommt!

Zubereitungszeit: 20 Minuten
Schwierigkeitsgrad: mittel
Utensilien: Backblech, Backpapier

Zutaten (für 10 Puffer)
Für die Puffer:
50 g Parmesan-Alternative, z.B. Prosociano von Violife
½ Bund Petersilie
300 g Zucchini, in Stücken
1 Schalotte, halbiert
1 TL Salz
40 g Mehl
2 Eier, Größe M

außerdem:
Öl zum Braten

Für den Frühlingsquark:
2 Frühlingszwiebeln, in Stücken
250 g Magerquark
1 TL Weißweinessig
½ TL Senf
½ TL Salz

1. Parmesan-Alternative in den Mixtopf geben, **5 Sekunden/ Stufe 8** zerkleinern, umfüllen und beiseitestellen. Petersilienblätter, Zucchinistücke, Schalottenhälften, Salz, Mehl und Eier in den Mixtopf geben, **15 Sekunden/ Stufe 7** pürieren. Nicht wundern, die Masse ist ziemlich flüssig, lässt sich aber trotzdem super in einer Pfanne braten.
2. Öl in einer Pfanne erhitzen, so dass der Boden bedeckt ist. Die Puffer sollten nicht im Fett schwimmen. Die Masse portionsweise mit einer Kelle in die Pfanne geben und die Puffer braten. Die fertigen Puffer auf einem mit Backpapier ausgelegtem Backblech bei 50°C Umluft im Ofen warmhalten.
3. Für den Frühlingsquark Frühlingszwiebelstücke in den Mixtopf geben, **5 Sekunden/ Stufe 5** zerkleinern und die Reste mit dem Spatel nach unten schieben. Quark, Weißweinessig, Senf und Salz hinzufügen und **3 Sekunden/ Stufe 3** vermengen.
4. Den Quark mit den Puffern servieren. Dazu schmecken auch hartgekochte Eier.

1. Parmesan-Alternative reiben.
2. Petersilienblätter, Zucchinistücke, Schalottenhälften, Salz, Mehl und Eier in einen Standmixer geben und fein pürieren. Alternativ die Zucchini mit der Hand fein raspeln und mit den restlichen Zutaten mithilfe eines Rührgerätes vermischen. Parmesan-Alternative unterheben.
3. Öl in einer Pfanne erhitzen, so dass der Boden bedeckt ist. Die Puffer sollten nicht im Fett schwimmen. Die Masse portionsweise mit einer Kelle in die Pfanne geben und die Puffer braten. Die fertigen Puffer auf einem mit Backpapier ausgelegtem Backblech bei 50°C Umluft im Ofen warmhalten.
4. Die Frühlingszwiebeln in feine Ringe schneiden, in den Quark geben und Senf, Essig und Salz hinzufügen. Zu einem cremigen Quark verrühren und mit den Puffern servieren. Dazu schmecken auch hartgekochte Eier.

Tipp

Bratet euch zum Schluss einen ganz großen, dünnen Puffer, oder auch zwei, und lasst ihn kalt werden! Am nächsten Tag könnt ihr den super mit Salat, Gemüse und dem restlichen Quark füllen, einrollen und habt so eine tolle und gesunde Mahlzeit fürs Büro!

Asiatisch

Cremiges Gemüsecurry mit Paneer und Reis

Currys sind eine große Leidenschaft von mir, weil sie so vielseitig sind. Man kann einfach so viele grandiose Gewürze ausprobieren und mit den Geschmacksrichtungen spielen. Als ich im Orient war, war der Souk mit all den tollen Gewürzen mein absolutes Highlight. Ich habe die Gewürze heute noch und verwende sie regelmäßig für meine Currys. Bei diesem Curry habe ich auf meine gelbe Currypaste zurückgegriffen, die einfach unglaublich aromatisch ist!

Zubereitungszeit: 50 Minuten
Schwierigkeitsgrad: leicht

Zutaten (für 2–3 Portionen)

1000 g Wasser
2 TL Salz
150 g Jasminreis
50 g Zwiebeln, in Ringen
200 g Zucchini, in Würfeln
250 g rote Paprika, in Würfeln
200 g Brokkoli, in Röschen
200 g Kokosmilch
3 TL gelbe Currypaste, selbstgemacht wie auf Seite 10 oder gekauft
½ TL Salz
1 EL Currypulver, mild
100 g TK-Erbsen
100 g Paneer, siehe Seite 44
Öl zum Braten (Rezept ohne TM)

1. Wasser und Salz in den Mixtopf geben, Gareinsatz einhängen und den Reis einwiegen. Gareinsatz mit Jasminreis nochmal entnehmen und den Reis unter fließendem Wasser abwaschen, bis das Wasser nicht mehr trüb ist. Gareinsatz mit Jasminreis wieder in den Mixtopf einhängen. Den Mixtopf mit dem Mixtopfdeckel schließen, aber ohne den Messbecher aufzusetzen.
2. Den Varoma aufsetzen. Zwiebelringe, Zucchiniwürfel, Paprikawürfel und Brokkoliröschen einwiegen, Varoma verschließen und die Zutaten **22 Minuten/ Varoma/ Stufe 1** garen. Nach der Garzeit den Varoma vorsichtig abnehmen, Gareinsatz mithilfe des Spatels herausnehmen und beides zur Seite stellen. Wasser aus dem Mixtopf abgießen, 1 Tasse davon auffangen.
3. Kokosmilch und Currypaste in den Mixtopf geben **10 Sekunden/ Stufe 3** vermengen. Zwiebeln, Zucchini, Paprika und Brokkoli aus dem Varoma in den Mixtopf geben, Salz, Currypulver, Erbsen und Paneer hinzufügen und **7 Minuten/ 100°C/ Linkslauf/ Stufe 1** kochen. Statt des Messbechers den Gareinsatz auf den Deckel setzen, so wird der Jasminreis warmgehalten. Wenn dem Curry Flüssigkeit fehlt, kann noch etwas von der Garflüssigkeit vom Jasminreis hinzugegeben werden.
4. Das Curry mit dem Jasminreis servieren.

1. Öl in einer tiefen Pfanne erhitzen. Zwiebelringe, Zucchiniwürfel, Paprikawürfel, Brokkoliröschen und Currypaste in die Pfanne geben und in dem Öl schwenken. Mit Kokosmilch und 100 ml Wasser ablöschen. Im Anschluss 7–10 Minuten köcheln lassen.
2. Jasminreis waschen und nach Packungsanweisung kochen.
3. Die Erbsen und den Paneer zum Gemüse geben und ca. 10 Minuten köcheln lassen. Das Curry mit Salz und Currypulver abschmecken und zusammen mit dem Jasminreis servieren.

Curry-Reissalat mit Mango

Dieser Salat ist ein echter Allrounder, denn er passt sowohl zu gegrilltem, als auch zu gedünstetem Gemüse. Die Mango verleiht ihm einen tollen fruchtigen Charakter, der super zu dem Curry passt!

Zubereitungszeit: 40 Minuten
Schwierigkeitsgrad: leicht

Zutaten (für 4 Portionen, als Beilage)
200 g Langkornreis
1300 g Wasser
1 TL Currypulver
1 TL Salz
2 EL Rapsöl
1 EL Kurkuma, gemahlen
2 EL Currypulver, mild
2 EL Madras-Currypulver
½ TL Koriander, gemahlen
½ TL Ingwer, gemahlen
2 Frühlingszwiebeln, in Stücken
1 Mango, geschält, in Stücken
1 rote Paprika, in Stücken
200 g Schmand
50 g Milch
2 EL Limettensaft
½ TL Salz
Limettenspalten, zum Servieren

1. Den Reis in den Gareinsatz geben und unter fließendem Wasser abspülen, bis das Wasser nicht mehr trüb ist. Den Gareinsatz mit dem Reis in den Mixtopf einhängen. Wasser, Currypulver und Salz über den Reis in den Mixtopf geben. Den Reis **30 Minuten/ 100°C/ Stufe 1** garen. Nach Ende der Garzeit den Gareinsatz vorsichtig entnehmen und den Mixtopf leeren. Den Reis abkühlen lassen.
2. Öl in den Mixtopf geben und Kurkuma, Currypulversorten, Koriander und Ingwer hinzufügen. **2 Minuten/ 100°C/ Stufe 1** anrösten.
3. Frühlingszwiebel-, Mango- und Paprikastücke hinzufügen und **6 Sekunden/ Stufe 4** zerkleinern. Die Stücke mit dem Spatel nach unten schieben.
4. Reis, Schmand, Milch, Limettensaft und Salz zugeben und alles **10 Sekunden/ Linkslauf/ Stufe 2** verrühren.
5. Den fertigen Reissalat mit Limettenspalten servieren.

1. Reis nach Packungsanweisung kochen, in das Reiswasser 1 TL Currypulver geben, dann nimmt der Reis schon beim Kochvorgang den Geschmack an. Den Reis in eine separate Schüssel füllen und abkühlen lassen.
2. Mango und Paprika würfeln, Frühlingszwiebeln in Ringe schneiden und auf den Reis geben.
3. In einer Pfanne Öl erhitzen und Kurkuma, Currypulversorten, Koriander und Ingwer hinzufügen. Ca. 2 Minuten anrösten und vom Herd nehmen.
4. Gewürze mit Schmand, Milch, Limettensaft und Salz verrühren und über den Reis geben. Alles gut vermischen und mit Limettenspalten servieren.

Indischer Paneer

Habt ihr schon mal euren eigenen Käse gemacht? Seit ich Paneer das erste Mal gemacht habe, bin ich total begeistert davon. Das Schöne ist, dass ihr ganz verschiedene Varianten ausprobieren könnt! Wenn es orientalisch sein soll, fügt ihr Currypulver, Kreuzkümmel und Paprikapulver schon beim Erhitzen der Milch hinzu. Ihr wollt es mediterran? Dann gebt getrockneten Oregano und Basilikum in die Milch! Der einzige Nachteil ist, dass es tatsächlich etwas Zeit braucht, um dem Käse die Flüssigkeit zu entziehen. Wenn ich weiß, dass es bei mir am nächsten Tag Curry gibt, bereite ich den Paneer schon am Vortag zu und bewahre ihn im Kühlschrank auf.

Zubereitungszeit: 20 Minuten
Abtropfzeit: 4 Stunden
Schwierigkeitsgrad: mittel
Utensilien: Mulltuch

Zutaten (für 200 g)
2000 g Milch
5 EL Zitronensaft

1. Milch in den Mixtopf geben und **20 Minuten/ 90°C/ Stufe 2** erhitzen.
2. Zitronensaft hinzufügen und **45 Sekunden/ Stufe 2** vermischen. Durch die Säure trennt sich die Molke und es entsteht Quark.
3. Die klare Flüssigkeit muss jetzt noch abgesiebt werden. Dazu legt ihr ein Mulltuch in ein Sieb und gießt die Quark-Molke-Masse hinein. Lasst sie für mindestens 1 Stunde abtropfen und wringt die Masse dann noch ordentlich aus!
4. Die Masse zu einer ca. 2 cm dicken Schicht ausbreiten. In ein Mulltuch geben und in den Gareinsatz legen. Das Ganze mit einem schweren Topf oder Gewicht beschweren. Ich habe einen kleinen, mit Wasser gefüllten Topf, genommen. So sollte die Masse nochmals 3 Stunden abtropfen, bis sie schnittfest ist.

1. Milch in einem Topf unter Rühren erhitzen, ganz kurz aufkochen lassen und die Temperatur wieder herunterfahren. Zitronensaft hinzufügen und mit einem Löffel umrühren.
2. Ihr seht sofort, dass sich eine klare Flüssigkeit, Molke, löst.
3. Bei Schritt 3 (s.o.) weitermachen. Anstelle des Gareinsatzes könnt ihr einfach ein Salat-Sieb oder ähnliches verwenden, wichtig ist, dass der Paneer weiter abtropfen kann.

Spaghetti mit cremiger Erdnusssauce

Wenn du keine Zeit zum Kochen hast, nicht mehr allzu viele Zutaten im Kühlschrank hast und einfach mal ein bisschen improvisieren musst, dann entstehen solche Rezepte! Und ich war absolut begeistert von der Kombination: Die kräftige Erdnussbutter, der süße Agavendicksaft und die frische Limette passen einfach grandios zusammen! Könnt ihr euch nicht vorstellen? Dann testet es selbst.

Zubereitungszeit: 15 Minuten
Schwierigkeitsgrad: leicht

Zutaten (für 2 Portionen)
800 g Wasser
200 g Spaghetti
1 TL Salz
1 Spitzpaprika, in feinen Streifen
1 kleine grüne Chilischote
1 Knoblauchzehe
1 Stück frischer Ingwer, daumengroß, geschält
2 Frühlingszwiebeln, in Stücken
20 g Erdnüsse + 1 Handvoll für die Deko
20 g Agavendicksaft
50 g Sojasauce
Saft von 1 Limette
70 g Erdnussbutter
Koriander, gehackt, zum Bestreuen, nach Belieben

1. Wasser in den Mixtopf geben, **12 Minuten/ 100°C/ Stufe 1** zum Kochen bringen. Spaghetti und Salz durch die Deckelöffnung geben und nach Packungsanweisung **9–10 Minuten/ 100°C/ Linkslauf/ Stufe 1** kochen, umfüllen und warmhalten. Die geschnittenen Paprikastreifen direkt über die noch heißen Spaghetti geben.
2. Chili, Knoblauch, Ingwer, Frühlingszwiebelstücke, Erdnüsse, Agavendicksaft, Sojasauce, Limettensaft und Erdnussbutter in den leeren Mixtopf geben und **6 Sekunden/ Stufe 5** zerkleinern. Die Sauce über die Spaghetti geben und gut durchmischen.
3. Die Spaghetti auf Teller anrichten. Wahlweise mit gehacktem Koriander und Erdnüssen garnieren.

1. Spaghetti nach Packungsanweisung in Salzwasser kochen. Wasser abgießen und die Paprikastreifen unter die noch heißen Nudeln mischen und warmhalten.
2. Chilischote und Frühlingszwiebeln in feine Ringe schneiden, Knoblauch und Ingwer fein hacken. Erdnüsse grob hacken. Agavendicksaft, Sojasauce, Limettensaft und Erdnussbutter mit Chili, Frühlingszwiebeln, Knoblauch, Ingwer und Erdnüssen in einer Schüssel vermengen. Alles zusammen über die Nudeln geben und gut verrühren!
3. Die Spaghetti auf Teller anrichten. Wahlweise mit gehacktem Koriander und Erdnüssen garnieren.

Sommerrollen

Bye bye Frühlingsrolle, mach Platz für deine kleine, gesunde Schwester, die Sommerrolle! Mit ihrer frischen Füllung überzeugen die Sommerrollen nicht nur ernährungstechnisch, sondern auch geschmacklich. Im Gegensatz zu Frühlingsrollen werden sie nicht frittiert und steuern somit noch etwas zur Bikinifigur bei! Wenn ihr noch vom Vortag Thai-Nudelsalat (siehe Seite 50) übrig habt, könnt ihr diesen hier ideal verwerten, ansonsten geht es aber genauso gut mit Glasnudeln.

Zubereitungszeit: 10 Minuten
Schwierigkeitsgrad: schwer

Zutaten (für 8 Rollen)
100 g Rotkohl, in Stücken
8 Blatt Reispapier
4 EL Thai-Nudelsalat vom Vortag, siehe Seite 50, alternativ 50 g Glasnudeln
1 rote Paprika, in Streifen
1 Möhre, geschält, in Streifen
4 Blätter Romanasalat

Für den Dip:
2 EL Erdnussbutter
1 EL Apfelessig
2 EL Sojasauce
1 TL Sesamöl

außerdem:
schwarzer Sesam zum Bestreuen

1. Den Rotkohl in den Mixtopf geben, **6 Sekunden/ Stufe 4** zerkleinern und in eine separate Schüssel umfüllen. Den Mixtopf reinigen.
2. Erdnussbutter, Apfelessig, Sojasauce und Sesamöl in den Mixtopf geben und **5 Sekunden/ Stufe 5** vermengen. Die Glasnudeln, falls verwendet, nach Packungsanweisung mit heißem Wasser übergießen und 3 Minuten ziehen lassen. Abgießen.
3. Einen tiefen Teller mit kaltem Wasser bereitstellen. Ein rundes Reispapier hineingeben und ca. 10–15 Sekunden warten, bis es weich ist. Das Reispapier auf die Arbeitsfläche legen und in einem Streifen Nudelsalat bzw. Glasnudeln, Paprika, Möhre, Rotkohl und ein halbes Blatt Romanasalat in die Mitte legen, lasst hierbei einen breiten Rand frei. Dann eine Seite von unten nach oben auf die Füllung klappen, die Ränder links und rechts nach innen klappen und zu einer Rolle rollen.
4. Sommerrollen in der Mitte halbieren, mit Sesam bestreuen und mit dem Dip servieren.

1. Den Rotkohl fein hobeln. Erdnussbutter, Apfelessig, Sojasauce und Sesamöl in einer Schüssel vermengen. Die Glasnudeln, falls verwendet, nach Packungsanweisung mit heißem Wasser übergießen und 3 Minuten ziehen lassen. Abgießen.
2. Dann weiter mit Schritt 3 der TM-Anleitung.

Thai-Nudelsalat mit Edamame

Ich liebe es, exotische Gerichte auszuprobieren und mit den verschiedenen Gewürzen zu experimentieren. Gerade die asiatische Küche bietet so viele tolle Zutaten, die viele noch nicht kennen. Dieser Nudelsalat enthält einige davon, die vielleicht nicht jeder zu Hause hat, aber im gut sortierten Supermarkt werdet ihr sicher fündig und es lohnt sich, diese mal zu testen.

Zubereitungszeit: 15 Minuten
Ziehzeit: 4 Minuten
Schwierigkeitsgrad: leicht

Zutaten (für 4 Portionen, als Beilage)

200 g Reisnudeln
2 Knoblauchzehen
3 Frühlingszwiebeln, in Stücken
1 rote Chilischote, entkernt, in Stücken
6 Stängel Koriander
3 cm frischer Ingwer, geschält
2 EL Sonnenblumenöl
Saft von 3 Limetten
3 EL Erdnussöl
2 EL brauner Zucker oder Kokosblütenzucker
2 TL Tamarindenpaste
1 TL Tamari, japanische Sojasauce
1 TL feines Meersalz
3 EL Sesamsamen, geröstet
300 g Edamame, gepalt und vorgegart, z.B. von HAK

1. Die Reisnudeln in eine Schüssel geben, mit kochendem Wasser übergießen und ca. 4 Minuten ziehen lassen. Das Wasser danach abgießen.
2. Knoblauchzehen, Frühlingszwiebelstücke, Chilistücke, Koriander und Ingwer in den Mixtopf geben und **4 Sekunden/ Stufe 8** zerkleinern. Die Reste mit dem Spatel nach unten schieben. Sonnenblumenöl dazugeben und **3 Minuten/ 100°C/ Stufe 1** dünsten.
3. Limettensaft, Erdnussöl, Zucker, Tamarindenpaste, Tamari und Meersalz zugeben und **4 Minuten/ 100°C/ Stufe 1** köcheln lassen. Zusammen mit den Sesamsamen und den Edamame über die Reisnudeln geben und gut vermengen.

1. Reisnudeln in eine Schüssel geben, mit kochendem Wasser übergießen und ca. 4 Minuten ziehen lassen. Das Wasser danach abgießen.
2. Knoblauchzehen ganz fein hacken, Frühlingszwiebeln und Chili in Ringe schneiden, Koriander und Ingwer ebenfalls fein hacken. In einem kleinen Topf mit Öl alles andünsten.
3. Limettensaft, Erdnussöl, Zucker, Tamarindenpaste, Tamari und Meersalz zugeben und 4 Minuten köcheln lassen. Zusammen mit den Sesamsamen und den Edamame über die Reisnudeln geben und gut vermengen.

Wusstest du? Edamame sind unreif geerntete Sojabohnen aus Japan, übersetzt heißen sie „Bohnen am Zweig“. Sie sind ein echter Energie-Booster, liefern viele Ballaststoffe und Proteine. In Japan werden sie als Snack zum Bier gereicht und erfreuen sich inzwischen auch in Europa immer größerer Beliebtheit.

Gut bürgerlich

Kräuter-Kartoffelsalat

Seitdem ich diesen Kartoffelsalat einmal zum Grillen mitgebracht habe, gehört er zum absoluten Pflichtprogramm! Manchmal habe ich das Gefühl, dass ich nur noch wegen dieses Salates eingeladen werde.
Das Schöne ist, dass er ganz ohne Mayonnaise auskommt und einfach perfekt zu einem gemütlichen warmen Grill-Abend passt! Aber Vorsicht, wenn ihr den einmal gemacht habt, gibts nie wieder einen anderen.

Zubereitungszeit:
30–50 Minuten
Schwierigkeitsgrad: leicht

Zutaten (für 4 Portionen)
900 g Wasser
1 TL Salz
1200 g Drillinge
1 rote Zwiebel, halbiert
4 EL Olivenöl
70 g Weißweinessig
1 TL Gemüsepaste, siehe Seite 14
½ Bund glatte Petersilie
½ Bund Dill
3 TL mittelscharfer Senf
1 TL flüssiger Honig
Salz, Pfeffer, Zucker, nach Belieben

1. 800 g Wasser und Salz in den Mixtopf geben.
2. Kartoffeln waschen, in den Varoma geben und **35 Minuten/ Varoma/ Stufe 1** kochen.
3. Varoma abnehmen, Kartoffeln mit kaltem Wasser abschrecken.
4. 1 Zwiebelhälfte in den Mixtopf geben, **4 Sekunden/ Stufe 4** zerkleinern. Zwiebel mit dem Spatel nach unten schieben. Die andere Hälfte in Halbringe schneiden und beiseitestellen.
5. 1 EL Öl zur Zwiebel geben und **3 Minuten/ 100°C/ Sanftrührstufe** dünsten. Weißweinessig, 100 g Wasser und Gemüsepaste dazugeben und **3 Minuten/ 100°C/ Sanftrührstufe** köcheln lassen.
6. Kartoffeln mit Schale je nach Größe vierteln oder halbieren und in eine Schüssel füllen. Öl-Essig-Dressing aus dem Mixtopf über die Kartoffeln geben. Zwischenzeitlich immer umrühren, damit die Kartoffeln das Dressing etwas aufnehmen können.
7. Petersilienblätter und abgezupften Dill in den Mixtopf geben. **4 Sekunden/ Stufe 5** zerkleinern und mit dem Spatel nach unten schieben. Senf, restliches Olivenöl und Honig dazugeben, **4 Sekunden/ Stufe 3** vermengen. Zusammen mit den Zwiebelringen zu den Kartoffeln geben, vermengen, mit Salz, Pfeffer und Zucker abschmecken und servieren.
8. Schmeckt sowohl lauwarm als auch kalt!

1. Gewaschene Kartoffeln in Salzwasser in einem Topf ca. 20 Minuten kochen.
2. Zwiebel halbieren, die eine Hälfte fein würfeln, die andere in Halbringe schneiden.
3. In einer Pfanne 1 EL Öl erhitzen, Zwiebelwürfel dazugeben und andünsten.
4. Mit dem Weißweinessig, 100 g Wasser und Gemüsepaste ablöschen und 3–4 Minuten köcheln lassen.
5. Kartoffeln mit Schale je nach Größe halbieren oder vierteln und in eine Schüssel füllen.
6. Das Dressing heiß darüber geben und regelmäßig rühren, damit die Kartoffeln das Dressing aufnehmen.
7. Petersilienblätter und abgezupften Dill fein hacken. Restliches Öl, Honig und Senf vermengen und zusammen mit den Kräutern und den Zwiebelringen zu den Kartoffeln geben. Mit Salz, Pfeffer und Zucker abschmecken.

Mamas Käsesalat

Dieses Rezept kenne ich seit einer halben Ewigkeit, das Gericht kam bei jeder Feier zum Einsatz und hat fast jeden Esser überzeugt. Ursprünglich kommt noch gewürfelter Kochschinken in den Salat, aber den habe ich auch schon in meinen Zeiten als Fleischesserin rausgepickt. Daher lass ich ihn einfach weg und es fehlt mir an nichts!

Zubereitungszeit: 10 Minuten
Schwierigkeitsgrad: leicht

Zutaten (für 4–6 Portionen)
1 Bund Dill
150 g Vollmilchjoghurt
100 g Saure Sahne
2 geh. TL scharfer Meerrettich
Saft von ½ Zitrone
½ TL Salz
½ TL Pfeffer
1 kleiner Apfel, geschält, entkernt, in Stücken
2 Gewürzgurken, in Stücken
50 g Tomatenpaprika, aus dem Glas
½ grüne Paprika, in Würfeln
300 g mittelalter Gouda, in 5 mm Würfeln

1. Dill ohne Stiele in den Mixtopf geben, **5 Sekunden/ Stufe 5** zerkleinern und mit dem Spatel nach unten schieben.
2. Joghurt, Saure Sahne, Meerrettich, Zitronensaft, Salz und Pfeffer in den Mixtopf geben und **3 Sekunden/ Stufe 4** vermengen.
3. Apfelstücke, Gewürzgurkenstücke, Tomatenpaprika und Paprikawürfel dazugeben und **3 Sekunden/ Stufe 5** zerkleinern. Die Stücke mit dem Spatel nach unten schieben.
4. Goudawürfel in den Mixtopf geben und **8 Sekunden/ Linkslauf/ Stufe 2** vermengen.

1. Dill ohne Stiele klein schneiden. Apfel, Gewürzgurken, Tomatenpaprika und grüne Paprika in Würfel schneiden. Mit Joghurt, Saurer Sahne, Meerrettich, Zitronensaft, Salz und Pfeffer vermengen. Schließlich noch die Goudawürfel hinzufügen und gut umrühren.

Tipp

Dazu passen frisches Baguette und ein schöner Weißwein.

Pizzaknödel mit Tomatensauce

Auf diese Dinger stehe ich ja total! Sie vereinen all die leckeren Zutaten, die sonst auf die Pizza kommen, in einem kleinen Knödelchen! Und was mir besonders gefällt, ist, dass man so toll Reste damit verwerten kann. Ihr habt noch ein paar Champignons übrig? Rein damit! Peperoni oder Mais ist auch noch im Haus? Rein damit! Passt nur auf, dass die Gemüsemenge nicht zu viel wird!

Zubereitungszeit: 30 Minuten
Schwierigkeitsgrad: mittel

Zutaten (für 12 Knödel)

Für die Knödel:

6 Brötchen, vom Vortag, in Scheiben
1 rote Paprika, in Stücken
1 grüne Paprika, in Stücken
1 Zwiebel, halbiert
2 EL Olivenöl
200 g Milch
3 Eier, Größe M
6 EL Mehl
150 g geriebener Käse
½ TL Oregano, getrocknet
½ TL Thymian, getrocknet
1 TL Salz

Für die Tomatensauce:

1 Knoblauchzehe
5–6 Stängel Petersilie + Petersilie zum Garnieren
1 Dose stückige Tomaten à 800 g
200 g Wasser
2 TL Gemüsepaste, siehe Seite 14

1. Brötchenscheiben in den Mixtopf geben, **12 Sekunden/ Stufe 6** mithilfe des Spatels zerkleinern und in eine separate Schüssel umfüllen.
2. Paprikastücke und Zwiebelhälften in den Mixtopf geben, **4 Sekunden/ Stufe 4** zerkleinern und mit dem Spatel nach unten schieben. Öl dazugeben und **4 Minuten/ 120°C/ Linkslauf/ Stufe 1** dünsten. Währenddessen Varomaboden und Varoma-Einlegeboden leicht einfetten.
3. Milch, Eier, Mehl, Käse, Oregano, Thymian und Salz mit den zerkleinerten Brötchen in den Mixtopf hinzugeben und **2 Minuten/ Teigknetstufe** zu einem Teig verarbeiten.
4. Mit angefeuchteten Händen 12 Knödel aus der Masse formen und im Varoma und auf dem Einlegeboden verteilen.
5. Knoblauchzehe und Petersilie in den gereinigten Mixtopf geben, **3 Sekunden/ Stufe 6** zerkleinern und mit dem Spatel nach unten schieben.
6. Stückige Tomaten, Wasser und Gemüsepaste hinzufügen, Varoma aufsetzen und verschließen, **20 Minuten/ Varoma/ Stufe 1** kochen.
7. Varoma vorsichtig absetzen und die Knödel zusammen mit der Tomatensauce und gehackter Petersilie garniert servieren.

1. Brötchenscheiben entweder in einen Mixer geben oder mit einem Messer fein hacken.
2. Paprika und Zwiebel würfeln und in einer Pfanne in Öl bissfest anbraten. Alle Zutaten für die Knödel in eine Schüssel geben und mit den gebratenen Zwiebel- und Paprikawürfeln vermengen.
3. Mit feuchten Händen 12 Knödel formen.

4. Wasser in einem Topf zum Kochen bringen, Salz nach Belieben dazugeben und die Temperatur etwas verringern. Die Knödel in das Salzwasser geben und 20 Minuten simmern lassen.
5. In der Zwischenzeit Knoblauch und Petersilie fein hacken. Knoblauch in Olivenöl in einer Pfanne kurz anbraten. Stückige Tomaten, Wasser und Gemüsepaste in die Pfanne hinzugeben und 20 Minuten köcheln lassen.
6. Sauce und Knödel mit gehackter Petersilie garniert zusammen servieren.

Vegane „Hackbällchen" in Rotwein-Rahmsauce

Zubereitungszeit: 40 Minuten
Schwierigkeitsgrad: mittel
Utensilien: Backblech, Backpapier (für das Rezept ohne TM)

Zutaten (für 3–4 Portionen)

Für die Bällchen:

200 g Tellerlinsen, vorgekocht oder aus der Dose
30 g Sonnenblumenkerne
40 g Haferflocken
50 g Tomatenmark
1 EL Worcestershiresauce, vegetarische, z.B. von Ostmann
1 Zwiebel, halbiert
1 Knoblauchzehe
½ TL Paprikapulver, edelsüß
1 TL Salz
Öl, zum Einfetten

Für die Sauce:

1 Pck. Suppengrün, gesäubert und geschält
2 EL pflanzliches Öl
50 g Tomatenmark
1 EL Gemüsepaste, siehe Seite 14
250 g Wasser
150 g Rotwein
1 TL Agavendicksaft
2 Lorbeerblätter
3 Pimentkörner
½–1 EL Speisestärke, in etwas Wasser angerührt
100 g pflanzliche Sahne
Salz, Pfeffer zum Abschmecken
gehackte Petersilie, zum Garnieren

Was wir Vegetarier den Fleischessern voraushaben? Wir zaubern unsere eigenen „Hackbällchen" in so vielen tollen Varianten mit den unterschiedlichsten Zutaten. In diesem Fall bilden die Basis Tellerlinsen. Die Sonnenblumenkerne und die Haferflocken geben ein wenig Biss und sorgen für eine tolle Konsistenz. Auch eine tolle Basis für Hackbällchen sind Kidneybohnen, ein tolles Rezept hierfür findet ihr zum Beispiel auf Seite 20.

1. Für die Bällchen Tellerlinsen, Sonnenblumenkerne, Haferflocken, Tomatenmark, Worcestershiresauce, Zwiebelhälften, Knoblauchzehe, Paprikapulver und Salz in den Mixtopf geben und **10 Sekunden/ Stufe 8** zerkleinern. Die Reste mit dem Spatel nach unten schieben und nochmal **5 Sekunden/ Stufe 5** zerkleinern. Wer es hier gröber oder feiner in der Konsistenz mag, muss ein bisschen in der Zeit variieren. Varoma und Einlegeboden leicht fetten. Kleine Bällchen aus der Masse formen und im Varoma und auf dem Einlegeboden verteilen. Es sollten 15–20 Bällchen geformt werden.
2. Das Suppengrün grob schneiden und im sauberen Mixtopf **6 Sekunden/ Stufe 4** zerkleinern. Die Reste mit dem Spatel nach unten schieben. Öl in den Mixtopf geben und **4 Minuten/ 120°C/ Linkslauf/ Stufe 1** andünsten. Tomatenmark dazugeben und **2 Minuten/ 120°C/ Linkslauf/ Stufe 2** anrösten.
3. Gemüsepaste, Wasser, Rotwein, Agavendicksaft, Lorbeerblätter, Pimentkörner, Salz und Pfeffer hinzufügen, Varoma aufsetzen und alles **20 Minuten/ Varoma/ Linkslauf/ Stufe 1** köcheln lassen.
4. Nach der Garzeit den Varoma vorsichtig absetzen, Bällchen entnehmen und warm stellen. Die Sauce mithilfe des Gareinsatzes sieben, das aufgefangene Gemüse nochmal mit einem Löffel anpressen, damit die Flüssigkeit herausläuft, die Flüssigkeit ebenfalls auffangen und zusammen mit der Sauce nochmal in den Mixtopf geben.
5. ½–1 EL Speisestärke, je nach gewünschter Sämigkeit der Sauce, und die pflanzliche Sahne hinzugeben und **20 Sekunden/ Stufe 3** mischen. Mit Salz und Pfeffer nochmals abschmecken.
6. Die Sauce über die Bällchen geben, mit Petersilie garnieren und servieren.

Tipp

Als Beilage passen zum Beispiel Kartoffelpüree oder auch Spätzle!

1. Tellerlinsen, Sonnenblumenkerne, Haferflocken, Tomatenmark, Worcestershiresauce, Zwiebelhälften, Knoblauchzehe, Paprikapulver und Salz in einen Mixer geben und bis zur gewünschten Sämigkeit pürieren. Den Backofen auf 180°C Ober-/Unterhitze vorheizen. Kleine Bällchen aus der Masse formen und auf einem mit Backpapier ausgelegtem Blech verteilen. Es sollten 15–20 Bällchen geformt werden.
2. Das Suppengrün in 1 cm große Würfel schneiden und in einem Bräter in Öl anbraten. Wenn es leicht Farbe angenommen hat, das Tomatenmark hinzugeben und alles anrösten lassen. Mit dem Rotwein ablöschen und alle anderen Zutaten bis auf die pflanzliche Sahne und die Speisestärke einrühren und für 20 Minuten köcheln lassen. Währenddessen die Bällchen im vorgeheizten Ofen 15 Minuten/ 180°C Ober-/Unterhitze garen lassen.
3. Die Sauce durch ein Sieb geben und das aufgefangene Gemüse nochmal ein bisschen durch das Sieb drücken. Die Sauce zurück in den Topf geben, Sahne hinzufügen und je nach gewünschter Sämigkeit die Speisestärke einrühren. Die Sauce nochmal kurz aufkochen und eindicken lassen. Mit Salz und Pfeffer abschmecken.
4. Die Sauce über die Bällchen geben, mit Petersilie garnieren und servieren.

Veganer Eiersalat

Ja, ich weiß, ich ernähre mich nicht hauptsächlich vegan, aber es schadet doch nicht, seinen Horizont mal ein wenig zu erweitern und einfach mal neue Sachen auszuprobieren. Ich habe dieses „Wundersalz“ Kala Namak gefunden und war total erstaunt, wie sehr es schon vom Geruch her an Ei erinnert. Das Salz erinnert so an Ei, weil es einen hohen Schwefelanteil hat.

Auch wenn ein veganer Eiersalat natürlich nicht 1:1 wie ein herkömmlicher Eiersalat schmeckt, kann er als Alternative für alle, die gerne auf tierische Erzeugnisse verzichten möchten, gut mithalten.

Zubereitungszeit: 30 Minuten
Schwierigkeitsgrad: mittel

Zutaten (für 4–6 Portionen)
400 g Wasser
1 TL Salz
100 g Spiralnudeln
2 EL neutrales, pflanzliches Öl
1 kleine Zwiebel, halbiert
2 mittelgroße Gewürzgurken
2 EL vegane Mayonnaise
2 TL Senf
5 EL Gurkenwasser
½ TL Kala Namak

1. Wasser und Salz in den Mixtopf geben, **12 Minuten/ 120°C/ Stufe 1** zum Kochen bringen.
2. Spiralnudeln dazugeben und 5 Minuten länger kochen, als es die Packungsanweisung angibt, also **14–16 Minuten/ 100°C/ Linkslauf/ Stufe 1**.
3. Das Wasser abgießen und die Nudeln für **8 Sekunden/ Stufe 5** zerkleinern. Die zerkleinerten Nudeln in eine separate Schüssel umfüllen, mit dem Öl vermengen, damit sie nicht kleben und anschließend abkühlen lassen.
4. In der Zwischenzeit Zwiebelhälften und Gewürzgurken in den Mixtopf geben, **5 Sekunden/ Stufe 5** zerkleinern. Die Stücke mit dem Spatel nach unten schieben. Vegane Mayonnaise, Senf, Gurkenwasser, sowie Kala Namak hinzufügen und **4 Sekunden/ Stufe 4** vermischen. Nudeln zurück in den Mixtopf geben und **10 Sekunden/ Linkslauf/ Stufe 2** vermengen.

1. Nudeln in einem Topf mit kochendem Salzwasser 5 Minuten länger, als es die Packungsanweisung angibt, kochen.
2. Wasser abgießen und die Nudeln mit einem großen Messer ganz fein hacken. Die Nudeln können auch in einen Mixer gegeben werden, aber bitte darauf achten, dass sie nicht zu Brei werden! Mit dem Öl mischen, damit sie nicht kleben und abkühlen lassen.
3. In der Zwischenzeit Gewürzgurken und Zwiebeln fein würfeln und mit veganer Mayonnaise, Senf, Gurkenwasser und Kala Namak mischen. Alles über die Nudeln geben und gut vermengen.

Veggie-Frikassee mit Wildreis

Ja, auch ich greife in seltenen Fällen mal zu Fleischersatzprodukten und finde es absolut in Ordnung. Denn es sorgt für ein bisschen Abwechslung auf dem Teller und hilft dabei, auch mal einen Klassiker vegetarisch abzuwandeln. Wie zum Beispiel dieses Frikassee.

Neben den obligatorischen Erbsen und Möhren, die einfach in ein Frikassee gehören, habe ich zusätzlich Schwarzwurzeln verwendet. Ein absolut unterschätztes Gemüse, das es bei mir in Zukunft öfter geben wird.

Zubereitungszeit: 45 Minuten
Schwierigkeitsgrad: leicht

Zutaten (für 2 Portionen)

1300 g Wasser
1 TL Salz
200 g Wildreis
3–4 Stangen Schwarzwurzeln, frisch, geschält, in Scheiben
4 kleine Möhren, geschält, in Scheiben
100 g TK-Erbsen
300 g Veggie-Hähnchen, z.B. Like Chicken von Like Meat, aus der Kühltheke
50 g Butter
40 g Mehl
150 g Weißwein
1 TL Gemüsepaste, siehe Seite 14
1 TL Worcestershiresauce, vegetarische, z.B. von Ostmann
50 g Sahne
Salz, Pfeffer, nach Geschmack
3 EL Petersilie, gehackt

1. Wasser und Salz in den Mixtopf geben. Reis in den Gareinsatz geben, unter fließendem Wasser waschen, bis das Wasser nicht mehr trüb ist und den Gareinsatz in den Mixtopf einhängen.
2. Schwarzwurzelscheiben, Möhrenscheiben, Erbsen und Veggie-Hähnchen im Varoma verteilen, dabei einige Schlitze frei lassen. Den Varoma aufsetzen und Reis und Gemüse **30 Minuten/ Varoma/ Stufe 1** garen. Varoma vorsichtig absetzen, Mixtopf leeren, dabei die Flüssigkeit auffangen. Den Reis warm stellen.
3. Butter und Mehl in den Mixtopf geben, **2 Minuten/ 100°C/ Stufe 1** anschwitzen. 250 g der Garflüssigkeit und Weißwein zugießen, Gemüsepaste und Worcestershiresauce ebenfalls zugeben. Die Sauce **4 Sekunden/ Stufe 4** verrühren und anschließend **3 Minuten/ 100°C/ Stufe 2** köcheln.
4. Sahne und Varoma-Inhalt in den Mixtopf geben, **1 Minute/ 100°C/ Linkslauf/ Stufe 1** verrühren, mit Salz und Pfeffer abschmecken.
5. Mit Petersilie garnieren und zusammen mit dem Reis servieren.

1. Gewaschenen Reis in einem Topf in Salzwasser nach Packungsanweisung kochen.
2. Öl in einer Pfanne erhitzen, das Veggie-Hähnchen darin anbraten und wieder aus der Pfanne nehmen.
3. Butter in der Pfanne zerlassen, Mehl dazugeben und unter ständigem Rühren eine Mehlschwitze herstellen. Langsam und ebenfalls unter ständigem Rühren 250 g Wasser, den Weißwein, die Gemüsepaste und die Worcestershiresauce einrühren.

4. Das geschnittene Gemüse, sowie die Sahne dazugeben und mindestens 20 Minuten köcheln lassen, bis das Gemüse gar ist.
5. Die Erbsen hinzufügen und mit Salz und Pfeffer abschmecken.
6. Zum Schluss noch das am Anfang gebratene Veggie-Hähnchen dazugeben und nochmal mindestens 5 Minuten köcheln lassen, damit es den Geschmack der Sauce annimmt.
7. Mit Petersilie garnieren und zusammen mit dem Reis servieren.

Tipp

Beim Schälen der Schwarzwurzeln unbedingt Handschuhe tragen und am besten unter fließendem Wasser schälen. Dann direkt mit Zitronensaft einreiben oder in eine Schüssel mit Wasser und einem Schuss Essig legen, sonst werden die Schwarzwurzeln braun.

Veganes Gulasch

Ich werde oft gefragt, ob ich als Vegetarierin nicht einige deftige Gerichte vermisse.
Das verneine ich immer, denn mit ein wenig Kreativität lassen sich die Klassiker aus Omas Küche ganz leicht nachmachen und das ohne Fleisch. In diesem Fall habe ich die Jackfruit als Ersatz gewählt. Die faserige Konsistenz erinnert ein bisschen an zartes Rindfleisch. Mit der richtigen Würze zaubert ihr ein tolles Gericht auf den Tisch, welches sicher auch Fleischesser überzeugen wird.

Zubereitungszeit: 1 Stunde 5 Minuten
Schwierigkeitsgrad: mittel

Zutaten (für 4 Portionen)

1 große Dose Jackfruit, ca. 600 g
1 große Zwiebel, geviertelt
1 Knoblauchzehe
1 Möhre, geschält, in Stücken
1 rote Paprika, in Stücken
2 EL Olivenöl
1 EL Agavendicksaft
3 EL Tomatenmark
400 g Rotwein
2 TL Paprikapulver, edelsüß
1 TL Paprikapulver, rosenscharf
2 Lorbeerblätter
½ TL Pfeffer
1 TL Salz
250 g Wasser
½ TL Gemüsepaste, siehe Seite 14
150 g passierte Tomaten
1 EL Speisestärke, in etwas Wasser angerührt

Beilage:
400 g Kartoffeln, festkochend
500 g Wasser
1 TL Salz

1. Kartoffeln schälen und in Stücken in den Gareinsatz legen. Wasser und Salz in den Mixtopf geben, den Gareinsatz einhängen und die Kartoffeln **25 Minuten/ Varoma/ Stufe 2** garen. Sobald die Kartoffeln fertig sind, umfüllen und warmhalten. Den Mixtopf leeren.
2. Die Jackfruit abtropfen lassen, dann in ein Küchentuch geben und nochmals die Flüssigkeit weitestgehend auspressen.
3. Zwiebel und Knoblauch in den Mixtopf geben, **4 Sekunden/ Stufe 4** zerkleinern und die Reste mit dem Spatel nach unten schieben. Möhren- und Paprikastücke hinzufügen, **5 Sekunden/ Stufe 5** zerkleinern und mit dem Spatel nach unten schieben. Das Öl dazugeben und **3 Minuten/ 100°C/ Stufe 1** dünsten.
4. Agavendicksaft und Jackfruit in den Mixtopf geben und **3 Minuten/ 100°C/ Stufe 1** karamellisieren lassen. Tomatenmark hinzugeben und **4 Minuten/ 100°C/ Stufe 2** rösten. Mit Rotwein ablöschen, beide Paprikapulversorten, Lorbeerblätter, Pfeffer und Salz dazugeben und **15 Minuten/ 100°C/ Stufe 2** einköcheln lassen.
5. Dann Wasser, Gemüsepaste, passierte Tomaten und Speisestärke hinzufügen und nochmal für **10 Minuten/ 100°C/ Stufe 2** köcheln lassen.
6. Die Lorbeerblätter entfernen und das Gulasch mit den Kartoffeln servieren.

1. Die Jackfruit abtropfen lassen, dann in ein Küchentuch geben und nochmals die Flüssigkeit weitestgehend auspressen.
2. Kartoffeln schälen, in Stücke schneiden und in einem separaten Topf ca. 25 Minuten bei mittlerer Hitze kochen.
3. Zwiebel, Möhre und Paprika in Würfel schneiden, Knoblauch fein hacken. Das Gemüse in einer Pfanne in Öl andünsten, Agavendicksaft

Tipp

Neben den Kartoffeln passen Bohnen als Beilage sehr gut.

und Jackfruit dazugeben und ca. 3 Minuten leicht karamellisieren lassen. Das Tomatenmark hinzufügen und 4 Minuten anrösten. Mit dem Rotwein ablöschen und beide Paprikapulversorten, Lorbeerblätter, Pfeffer und Salz hinzufügen. 15 Minuten einköcheln, dabei ab und zu umrühren.

4. Wasser, Gemüsepaste, passierte Tomaten und Speisestärke hinzufügen und nochmals 10 Minuten köcheln lassen. Dabei die Jackfruitstücke, wenn sie noch zu groß sind, leicht zerdrücken.
5. Die Lorbeerblätter entfernen und das Gulasch mit den Kartoffeln servieren.

Kartoffel-Ziegenkäse-Strudel mit Birne und Walnuss

Ja, ihr habt richtig gelesen: Kartoffeln, Ziegenkäse, Birne! Klingt nach einer seltsamen Kombination, passt aber tatsächlich sehr gut zusammen. Auch hier könnt ihr wieder eure Reste vom Vortag verwenden. Zumindest bei mir ist es so, dass ich prinzipiell zu viele Kartoffeln koche, die sind in diesem Strudel super aufgehoben! Wer keinen Ziegenkäse mag, nimmt einfach normalen Frischkäse oder Kräuterfrischkäse, dann aber bitte noch ein bisschen Salz in die Masse geben, sonst wird der Strudel fade.

Zubereitungszeit: ca. 10 Minuten
Backzeit: 20 Minuten
Schwierigkeitsgrad: mittel
Utensilien: Backblech, Backpapier

Zutaten (für 6 Portionen bzw. 1 Strudel)

50 g Walnüsse
100 g Kartoffeln, mehligkochend, vom Vortag
75 g Ziegenfrischkäse
75 g normaler Frischkäse
1 kleine feste Birne, geschält, entkernt, geviertelt
5 Rosmarinnadeln
1 TL Honig
1 Rolle frischer Blätterteig, aus dem Kühlregal, z.B. von Rewe
1 Eigelb, Größe M

1. Walnüsse in den Mixtopf geben, **4 Sekunden/ Stufe 4** zerkleinern und in eine separate Schüssel umfüllen. Den Backofen auf 200°C Ober-/ Unterhitze vorheizen und ein Backblech mit Backpapier auslegen.
2. Kartoffeln, Ziegenfrischkäse, Frischkäse, Birnenviertel, Rosmarin und Honig in den Mixtopf geben und **5 Sekunden/ Stufe 5** zerkleinern. Mit dem Spatel vermengen und anschließend die Masse in die Schüssel zu den Walnüssen geben. Erneut alles gut vermischen.
3. Die Masse auf dem ausgerollten Blätterteig verstreichen, dabei an der langen Seite einen ca. 3 cm breiten Rand lassen. Den Rand dünn mit Eigelb bestreichen und den Teig von der anderen Seite Richtung Eigelbrand aufrollen.
4. Strudel an der Oberseite in einem Abstand von 3 cm einschneiden und ebenfalls mit Eigelb bestreichen.
5. Den Strudel auf das vorbereitete Backblech legen und im vorgeheizten Backofen für 20 Minuten/ 200°C Ober-/Unterhitze backen. Danach leicht abkühlen lassen. Reicht dazu ein Gläschen frischen Federweißer oder eine spritzige Weinschorle und ihr macht all eure Gäste glücklich!

1. Walnüsse hacken, Birne in feine Würfel schneiden. Kartoffeln, Ziegenfrischkäse, Frischkäse, Birnenwürfel, Rosmarin und Honig in einer Schüssel mit einem Kartoffelstampfer oder einer Gabel zerdrücken. Es soll dabei kein Brei entstehen, sondern eine stückige Masse. Den Backofen auf 200°C Ober-/ Unterhitze vorheizen und ein Backblech mit Backpapier auslegen.

2. Weiter geht's wie oben beschrieben ab Schritt 3.
3. Reicht dazu ein Gläschen frischen Federweißer oder eine spritzige Weinschorle und ihr macht all eure Gäste glücklich!

Maultaschenauflauf mit Pulled Jackfruit

Zubereitungszeit: 30 Minuten
Backzeit: 20 Minuten
Schwierigkeitsgrad: leicht
Utensilien: 1 Auflaufform

Zutaten (für 4 Portionen)

2 rote Zwiebeln, halbiert
1 Knoblauchzehe
1 EL Olivenöl
800 g Jackfruit, aus der Dose
200 g Wasser
2 TL Gemüsepaste, siehe Seite 14
5 EL BBQ-Sauce, selbstgemacht wie auf Seite 12 oder gekauft
200 g passierte Tomaten
½ TL Salz
½ Dose Kidneybohnen, 255 g Abtropfgewicht
150 g Cocktailtomaten, halbiert
200 g Maultaschen mit Gemüse gefüllt, in Scheiben
etwas gehackte Petersilie zum Bestreuen

Rezepte, für die ich nur meinen Thermomix® oder eine Pfanne und eine Auflaufform brauche, sind genau mein Fall! Meistens kommen einem da nur einfache Nudelgerichte in den Sinn, aber dieser Auflauf ist einfach eine Geschmacksexplosion. Seit ich Jackfruit das erste Mal probiert habe, war ich von der Konsistenz begeistert!
Mit der richtigen Würze kann man aus der tropischen Frucht so einiges zaubern.

1. Zwiebelhälften und Knoblauch in den Mixtopf geben, **5 Sekunden/ Stufe 5** zerkleinern und mit dem Spatel nach unten schieben. Olivenöl dazugeben und **2 Minuten/ 100°C/ Stufe 2** dünsten. Den Backofen auf 200°C Ober-/Unterhitze vorheizen.
2. Jackfruit abtropfen lassen, mit dem Wasser und der Gemüsepaste in den Mixtopf geben. **15 Minuten/ 100°C/ Stufe 1** köcheln lassen. Die Jackfruitstücke werden dabei sehr faserig und erinnern in der Konsistenz an Pulled Pork.
3. BBQ-Sauce, passierte Tomaten und Salz in den Mixtopf geben, **10 Minuten/ 100°C/ Linkslauf/ Stufe 1** köcheln.
4. Die Masse in eine Auflaufform geben, abgetropfte Kidneybohnen und halbierte Cocktailtomaten, sowie die in Scheiben geschnittenen Maultaschen darüber verteilen.
5. Im vorgeheizten Backofen für 20 Minuten/ 200°C Ober-/Unterhitze backen, sodass die Maultaschen ein bisschen knusprig werden.
6. Aus dem Ofen holen, mit Petersilie bestreuen und servieren.

1. Zwiebel in Würfel schneiden, Knoblauch fein hacken. In einer Pfanne in Olivenöl anbraten. Den Backofen auf 200°C Ober-/Unterhitze vorheizen.
2. Jackfruit abtropfen lassen und mit dem Wasser und der Gemüsepaste in die Pfanne geben. 15 Minuten köcheln lassen. Die Jackfruitstücke werden dabei sehr faserig und erinnern in der Konsistenz an Pulled Pork.
3. BBQ-Sauce, passierte Tomaten und Salz in die Pfanne geben und 10 Minuten weiter köcheln lassen.
4. Alle weiteren Schritte siehe ab Schritt 4 im TM-Rezept.

Wusstest du? Die Jackfruit wächst in tropischen Ländern, eine einzige Frucht kann bis zu 20-40 kg schwer werden. Der tragende Baum wird bis zu 20 Meter hoch. Einzigartig an der Jackfruit ist ihre faserige Konsistenz, die stark an Pulled Beef oder Pork erinnert und eine tolle Alternative für Vegetarier darstellt. Das Fruchtfleisch schmeckt leicht süßlich und wird erst mit der richtigen Würze geschmackvoll. Sie hat mit 27 mg pro 100 g einen hohen Calciumanteil. Die vielen B-Vitamine, Magnesium und Eisen machen sie gerade für Vegetarier zu einem echten Vitamin-Booster!

Orientalisch

Falafeln mit Zwiebel-Paprika-Gemüse und Tomaten-Raita

Zubereitungszeit: 30 Minuten
Schwierigkeitsgrad: leicht

Zutaten (für 3 Portionen)

Für die Falafeln:
2 Dosen Kichererbsen, je 400 g Abtropfgewicht
1 Zwiebel, halbiert
2 Knoblauchzehen
6 Stängel Koriander
2 Stiele Dill
1 rote Chilischote, in Stücken
½ TL Kreuzkümmel, gemahlen
2 EL Mehl
1 TL Backpulver
1 EL Tahin
Öl zum Frittieren

Für die Tomaten-Raita:
70 g feste Tomaten, entkernt
250 g Joghurt, leicht
½ TL Kreuzkümmel, gemahlen
3–4 Blättchen Koriander
½ TL Salz

Für das Gemüse:
2 Zwiebeln, halbiert
2 rote Paprika, in Stücken
2 EL Pflanzenöl
100 g passierte Tomaten
100 g Wasser
½ TL Salz
1 TL rote Currypaste, selbstgemacht wie auf Seite 10 oder gekauft

Ursprünglich stammen Falafeln aus der arabischen Küche und sind dort weit verbreitet. Sie bestehen meist aus pürierten Bohnen oder Kichererbsen mit verschiedenen Kräutern, die dann frittiert werden. Wer es etwas gesünder mag, gart sie im Ofen, ich finde sie dann allerdings etwas trocken.
Die kleinen köstlichen Bällchen passen super zu dem Gemüse. Die Tomaten-Raita krönt das Ganze und macht es schön leicht und frisch.

1. Kichererbsen aus der Dose abtropfen lassen und abspülen. Kichererbsen, Zwiebelhälften, Knoblauchzehen, Koriander, abgezupften Dill, Chilischotenstücke, Kreuzkümmel, Mehl, Backpulver und Tahin in den Mixtopf geben, **25 Sekunden/ Stufe 9** pürieren, mit dem Spatel nach unten schieben und nochmal **10 Sekunden/ Stufe 9** pürieren. Aus der Masse kleine Kugeln formen (3 cm Durchmesser) und in einem Topf mit heißem Öl frittieren, bis sie goldbraun sind.
2. Für die Raita Tomaten in den sauberen Mixtopf geben und **4 Sekunden/ Stufe 4** zerkleinern. Dann Joghurt, Kreuzkümmel, Koriander und Salz zugeben und **3 Sekunden/ Stufe 3** vermischen. Raita in eine separate Schüssel umfüllen und den Mixtopf reinigen.
3. Für das Gemüse Zwiebelhälften und Paprikastücke in den Mixtopf geben, **4 Sekunden/ Stufe 5** zerkleinern und mit dem Spatel nach unten schieben. Öl zugießen und **4 Minuten/ 100°C/ Linkslauf/ Stufe 1** dünsten. Passierte Tomaten, Wasser, Salz und rote Currypaste zugeben und **8 Minuten/ 100°C/ Linkslauf/ Stufe 1** köcheln.
4. Falafeln mit dem Zwiebel-Paprika-Gemüse anrichten und mit Raita servieren.

1. Kichererbsen aus der Dose abtropfen lassen und abspülen. Kichererbsen, Zwiebelhälften, Knoblauchzehen, Koriander, abgezupften Dill, Chilischotenstücke, Kreuzkümmel, Mehl, Backpulver und Tahin in einem Standmixer fein pürieren. Aus der Masse kleine Kugeln formen (3 cm Durchmesser) und in einem Topf mit heißem Öl frittieren, bis sie goldbraun sind.
2. Für das Gemüse Paprika und Zwiebeln würfeln und in einer Pfanne mit Öl für 4 Minuten andünsten. Passierte Tomaten, Wasser, Salz und rote Currypaste in die Pfanne geben und 8 Minuten köcheln lassen.
3. Für die Raita die Tomaten würfeln und mit Joghurt, Kreuzkümmel, Koriander und Salz vermengen.
4. Falafeln mit dem Zwiebel-Paprika-Gemüse anrichten und mit Raita servieren.

Gefüllte Weinblätter

Dieses Rezept ist inspiriert durch die Weinblätter, die meine bulgarische Oma früher immer gemacht hat. Sie hat sie zwar mit Hackfleisch gefüllt, aber ich finde, meine Variante steht ihrer geschmacklich in nichts nach. Serviert werden meine Weinblätter einfach mit Magermilchjoghurt und wer mag mit Fetakäse – mehr braucht man nicht. Auch wenn es am Anfang ein bisschen „Fummelarbeit" ist, lohnt es sich! Die kleinen Dinger schmecken nicht nur warm, sondern sind auch kalt ein echter Gaumenschmaus!

Zubereitungszeit: 1 Stunde
Schwierigkeitsgrad: mittel

Zutaten (für 4 Portionen)

2 kleine Schalotten, halbiert
30 g Pinienkerne
5 Stängel Petersilie
1 EL Olivenöl
Saft von 1 Zitrone
650 g Wasser
100 g Langkornreis, gewaschen
1 TL Salz
¼ TL Pfeffer
ca. 150 g Weinblätter
etwas Zitronensaft + Öl zum beträufeln

Zum Servieren:
Feta und Magermilchjoghurt

1. Schalottenhälften, Pinienkerne und Petersilienblätter in den Mixtopf geben, **4 Sekunden/ Stufe 5** zerkleinern und mit dem Spatel nach unten schieben. Das Öl hinzugeben und **3 Minuten/ 100°C/ Stufe 1** dünsten.
2. Zitronensaft, 150 g Wasser, gewaschenen Reis, Salz und Pfeffer in den Mixtopf geben und **14 Minuten/ 100°C/ Linkslauf/ Stufe 2** köcheln lassen.
3. Währenddessen die Weinblätter wässern, um überschüssiges Salz zu entfernen. Kleine, löchrige Blätter aussortieren.
4. Blätter mit der glänzenden Seite nach unten auf die Arbeitsfläche legen, den dicken Strunk mit der Schere abschneiden. 1–2 TL der Masse in die Mitte der Blätter geben, die äußeren Seiten nach innen auf die Füllung klappen und von unten nach oben aufrollen. Mit der offenen Seite nach unten in den Varoma und auf den Einlegebogen dicht aneinandergereiht geben und mit Zitronensaft und Olivenöl beträufeln.
5. Nochmal 500 g Wasser in den Mixtopf geben, Varoma aufsetzen und **25 Minuten/ Varoma/ Stufe 1** garen.
6. Mit Feta und Magermilchjoghurt servieren.

1. Schalotten in Würfel schneiden und in Olivenöl glasig dünsten. Petersilie fein hacken, die Pinienkerne mit der Gabel andrücken und beides zu den Schalotten geben.
2. Reis, Zitronensaft, 150 g Wasser, Salz und Pfeffer in einen Topf geben und ca. 12 Minuten köcheln lassen.
3. Währenddessen die Blätter wässern, um überschüssiges Salz zu entfernen. Kleine, löchrige Blätter aussortieren, aber nicht wegwerfen.
4. Blätter mit der glänzenden Seite nach unten auf die Arbeitsfläche legen, den dicken Strunk mit der Schere abschneiden. 1–2 TL der Masse in die Mitte der Blätter geben, die äußeren Seiten nach Innen auf die Füllung

klappen und von unten nach oben aufrollen. Mit der offenen Seite nach unten dicht aneinandergereiht in einen großen Topf schichten und mit etwas Zitronensaft und Olivenöl beträufeln. Die restlichen Blätter darüberlegen. Mit einem umgedrehten Teller beschweren und so viel Wasser zugießen, dass die Weinblätter bedeckt sind.

5. Zum Kochen bringen und ca. 25 Minuten bei geschlossenem Deckel köcheln lassen, zwischendurch eventuell Flüssigkeit zugießen.
6. Mit Feta und Magermilchjoghurt servieren.

Pita-Brot mit Falafeln, Rotkohl und gedünstetem Gemüse

Zubereitungszeit: 10–15 Minuten
Gehzeit: 1 Stunde 45 Minuten
Backzeit: 10 Minuten
Schwierigkeitsgrad: mittel
Utensilien: Backblech, Backpapier

Zutaten (für 4 Portionen)

Für die Brote:
5 g Frischhefe
150 g lauwarmes Wasser
1 Prise Zucker
250 g Weizenmehl, Type 550
5 g Salz
10 g Olivenöl

Für den Rotkohl:
200 g Rotkohl, in Stücken
¼ TL Zucker
3 EL Apfelessig
50 g Saure Sahne
¼ TL Salz

außerdem:
einige Gurkenscheiben
einige Tomatenscheiben
8–10 Falafel, siehe Seite 74
600 g Zwiebel-Paprika-Gemüse, siehe Seite 74

Ihr habt noch einige Falafeln vom Vortag übrig? Dann habe ich hier ein tolles Rezept für euch, um sie zu verwerten. Die Pita-Brote sind zwar nicht so ganz einfach zuzubereiten, aber sie sind geschmacklich einfach grandios und die Arbeit wert! Beachtet bitte hierfür die einzelnen Schritte, damit die Brote im Ofen auch schön aufgehen.

1. Hefe, lauwarmes Wasser und Zucker in den Mixtopf geben und **2 Minuten/ 37°C/ Stufe 1** verrühren.
2. Mehl, Salz und Olivenöl hinzugeben und **2 Minuten/ Teigknetstufe** zu einem Teig verarbeiten.
3. Den Teig in eine separate Schüssel füllen und 1 Stunde, abgedeckt, an einem warmen Ort gehen lassen, bis sich sein Volumen verdoppelt hat. Danach zu insgesamt 4 Kugeln (à 100 g) rollen und erneut 30 Minuten ruhen lassen. Die Kugeln auf einer bemehlten Arbeitsfläche flach ausrollen und wieder 15 Minuten ruhen lassen. Ofen auf 250°C Ober-/Unterhitze vorheizen und das Backblech dabei im Ofen lassen!
4. Das heiße Backblech vorsichtig mit Backpapier auslegen, die Brote darauf geben und in den Ofen geben. Wenn die Brote nach ca. 5 Minuten aufgegangen sind, einmal kurz umdrehen und nochmals 5 Minuten weiterbacken.
5. Rotkohlstücke, Zucker, Apfelessig, Saure Sahne und Salz in den Mixtopf geben und **6 Sekunden/ Stufe 5** zerkleinern. Die Brote aus dem Ofen nehmen und vorsichtig zur Hälfte einschneiden, aber nicht durchschneiden, damit sie gefüllt werden können.
6. Rotkohlsalat und die restlichen Zutaten in die Brote füllen, wer noch Joghurt übrig hat, kann den natürlich auch noch hinzufügen.

1. Hefe, lauwarmes Wasser und Zucker verrühren, bis sich die Hefe aufgelöst hat.
2. Mehl, Salz und Olivenöl hinzugeben und zu einem homogenen Teig verarbeiten.
3. Den Teig in eine Schüssel füllen und 1 Stunde, abgedeckt, an einem warmen Ort gehen lassen, bis sich das Volumen verdoppelt hat. Danach zu insgesamt 4 Kugeln (à 100 g) rollen und erneut 30 Minuten ruhen lassen. Die Kugeln auf einer bemehlten Arbeitsfläche flach ausrollen und wieder 15 Minuten ruhen lassen. Den Backofen auf 250°C Ober-/Unterhitze vorheizen und das Backblech währenddessen im Ofen lassen!
4. Das heiße Backblech vorsichtig mit Backpapier auslegen, die Brote darauf geben und in den Ofen stellen. Wenn die Brote nach ca. 5 Minuten aufgegangen sind, einmal kurz umdrehen und nochmals 5 Minuten weiterbacken. Die Brote aus dem Ofen nehmen und vorsichtig zur Hälfte einschneiden, aber nicht durchschneiden, damit sie gefüllt werden können.
5. Den Rotkohl hobeln und mit den restlichen Zutaten für den Rotkohl vermengen. Rotkohlsalat und die weiteren Zutaten in die Brote füllen, wer noch Joghurt übrig hat, kann den natürlich auch noch hinzufügen.

Orientalischer Bulgursalat

Dieses Rezept habe ich rund um ein ganz besonderes Gewürz kreiert. Das Gewürz Ras el Hanout – übersetzt: Chef des Ladens – habe ich das erste Mal auf einer Orient-Kreuzfahrt entdeckt und verwende es seitdem immer, wenn ich Lust auf etwas Exotisches habe. Die Mischung aus Zimt, Nelken, Koriander, Chili, Kardamom und vielem mehr, ist einfach einzigartig. Hier ist es wie bei einem Currypulver: Es gibt viele verschiedene Rezepte und Zusammensetzungen. Falls ihr einen türkischen Lebensmittelhändler bei euch in der Nähe habt, schaut unbedingt mal rein und fragt nach dem Gewürz! Ihr werdet begeistert sein!

Zubereitungszeit: 20 Minuten
Schwierigkeitsgrad: leicht

Zutaten (für 4 Portionen)

500 g Wasser
2 TL Gemüsepaste, siehe Seite 14
250 g Bulgur
50 g Rosinen
50 g Cashewkerne, ungesalzen
1 rote Paprika, in Stücken
1 EL Ras el Hanout
2 Frühlingszwiebeln, in Ringen
2 EL Limettensaft
1 EL Agavendicksaft
4 EL Olivenöl
1 TL Salz
1 TL Harissa-Gewürzpaste

1. Wasser und Gemüsepaste in den Mixtopf geben und **8 Minuten/ 100°C/ Stufe 1** aufkochen.
2. Bulgur zugeben und **10 Minuten/ 90°C/ Linkslauf/ Stufe 2** garen.
3. Bulgur umfüllen und abkühlen lassen.
4. Rosinen, Cashewkerne, Paprikastücke, Ras el Hanout, Frühlingszwiebelringe, Limettensaft, Agavendicksaft, Olivenöl, Salz und Harissa in den sauberen Mixtopf geben und **4 Sekunden/ Stufe 5** zerkleinern und vermischen, mit dem Spatel nach unten schieben und nochmal **3 Sekunden/ Stufe 4** zerkleinern.
5. Alle Zutaten mit dem Spatel nach unten schieben, Bulgur dazugeben und **10 Sekunden/ Linkslauf/ Stufe 3** vermengen.

1. Wasser mit Gemüsepaste aufkochen lassen und Bulgur nach Packungsanweisung kochen.
2. Paprika in Würfel und Frühlingszwiebeln in Ringe schneiden. Cashewkerne grob hacken und mit den Rosinen, Paprika und Frühlingszwiebeln zu dem Bulgur geben.
3. Ras el Hanout, Limettensaft, Agavendicksaft, Olivenöl, Salz und Harissa für das Dressing vermengen und ebenfalls über den Bulgur geben. Den Salat gut vermischen und servieren.

Süßkartoffel-Flammkuchen mit Harissa

Kennt ihr Harissa? Wenn nicht, ist das nicht schlimm, dann lernt ihr es jetzt kennen:
Harissa ist eine arabische Paste, die aus frischen Chilis, Kreuzkümmel, Koriandersamen, Knoblauch, Salz und Olivenöl hergestellt wird. Ihr findet sie in jedem türkischen Lebensmittelhandel und auch in gut sortierten Supermärkten. Zusammen mit der Süßkartoffel gibt sie dem Flammkuchen eine tolle orientalische Note, die mich total begeistert hat! Lasst es euch schmecken!

Zubereitungszeit: 10 Minuten
Ruhezeit: 30 Minuten
Backzeit: 10 Minuten
Schwierigkeitsgrad: leicht
Utensilien: Backblech, Backpapier

Zutaten (für 1 Blech)

Für den Flammkuchenteig:
230 g Weizenmehl, Type 405
2 EL Olivenöl
1 Eigelb, Größe M
1 Prise Salz
100 g lauwarmes Wasser

Für den Belag:
100 g Schmand
1 TL Harissa-Gewürzpaste
1 Süßkartoffel, geschält, in feinen Scheiben
1 rote Zwiebel, in dünnen Ringen
75 g Feta
gehackte Petersilie zum Garnieren

1. Für den Flammkuchenteig Mehl, Olivenöl, Eigelb, Salz und lauwarmes Wasser in den Mixtopf geben und **2 Minuten/ Teigknetstufe** verarbeiten.
2. Den Teig 30 Minuten im Mixtopf ruhen lassen und den Backofen auf 250°C Ober-/Unterhitze vorheizen. Nach Ende der Ruhezeit den Teig auf einer bemehlten Arbeitsfläche zu einem dünnen Fladen ausrollen und auf ein mit Backpapier belegtes Backblech legen.
3. Für den Belag Schmand und Harissa verrühren und auf dem Teig verstreichen. Den Teig mit Süßkartoffelscheiben und Zwiebelringen belegen und mit zerbröseltem Feta bestreuen.
4. Den Flammkuchen im vorgeheizten Ofen 10 Minuten/ 250°C Ober-/ Unterhitze backen. Mit gehackter Petersilie garniert servieren.

1. Für den Flammkuchenteig Mehl, Olivenöl, Eigelb, Salz und lauwarmes Wasser mit den Händen oder mit den Knethaken des Rührgeräts zu einem Teig verarbeiten.
2. Dann geht's mit Schritt 2 weiter, wie im Rezept mit TM beschrieben.

Frühlings-Couscous-Salat mit Erdbeeren

Ich liebe dieses Rezept, weil die Kombination aus süßen Erdbeeren, cremiger Avocado und knackigen Pinienkernen einfach gut harmoniert! Außerdem ist er im Handumdrehen gezaubert und wird alle, die ihr damit überrascht, sicher begeistern.

Zubereitungszeit:
10–15 Minuten
Quellzeit: 5 Minuten

Zutaten (für 4 Portionen)
200 g Couscous
350 g Wasser
2 TL Gemüsepaste, siehe Seite 14
½ Bund Petersilie, glatt
2 Frühlingszwiebeln, in Stücken
5 EL Olivenöl
4 EL Limettensaft
½ TL Salz
1 Prise Pfeffer
300 g Erdbeeren, ohne Stielansatz, in Stücken
1 Avocado, halbiert, entkernt, geschält, in Stücken
50 g Pinienkerne

1. Eine Schüssel auf den Thermomix® stellen und den Couscous einwiegen. Schüssel beiseitestellen.
2. Wasser und Gemüsepaste in den Mixtopf geben, **5 Minuten/ 100°C/ Stufe 2** erhitzen, zum Couscous in die Schüssel geben, vermischen und 5 Minuten quellen lassen, bis der Couscous die gesamte Flüssigkeit aufgesogen hat, abkühlen lassen und zwischendurch mit einem Löffel etwas auflockern.
3. Petersilienblätter in den Mixtopf geben, **5 Sekunden/ Stufe 5** zerkleinern und mit dem Spatel nach unten schieben. Die Frühlingszwiebeln zugeben und **4 Sekunden/ Stufe 5** zerkleinern. Die Reste wieder mit dem Spatel nach unten schieben.
4. Öl, Limettensaft, Salz, Pfeffer, Erdbeerstücke und Avocadostücke zugeben und **3 Sekunden/ Stufe 4** zerkleinern. Die Reste wieder mit dem Spatel nach unten schieben.
5. Couscous in den Mixtopf geben und alles **10 Sekunden/ Linkslauf/ Stufe 2** verrühren.
6. Den Couscous-Salat mit Pinienkernen als Topping servieren.

1. Wasser mit Gemüsepaste aufkochen und über den Couscous geben, vermischen und 5 Minuten quellen lassen, bis der Couscous die gesamte Flüssigkeit aufgesogen hat. Den Couscous abkühlen lassen und zwischendurch mit einem Löffel etwas auflockern.
2. Petersilie fein hacken, Frühlingszwiebel in Ringe schneiden.
3. Öl, Limettensaft, Salz und Pfeffer zu einem Dressing verrühren. Erdbeeren und Avocado in Würfel schneiden.
4. Obst und Gemüse auf den abgekühlten Couscous geben und alles gut vermengen.
5. Den Couscous-Salat mit Pinienkernen als Topping servieren.

Linsensalat im Glas to go

Ihr habt noch Reste von der Linsensuppe (siehe Seite 140) vom Vortag übrig? Dann habe ich hier ein tolles Rezept für euch, das nicht nur sehr gesund ist, sondern euch auch ein leckeres Mittagessen im Büro beschert. Die Linsen sind ein toller Protein-Lieferant und das Gemüse gibt euch Power für den Tag! Ich finde, es ist eine tolle Idee zur Resteverwertung!

Zubereitungszeit: 3–5 Minuten
Schwierigkeitsgrad: leicht
Utensilien: 2 Gläser à 500 ml

Zutaten (für 2 Gläser)

2 Suppenkellen der Linsensuppe vom Vortag, siehe Seite 140
3–4 Stängel Koriander
1 EL Weißweinessig
1 EL pflanzliches Öl
¼ TL Salz
100 g gelbe und grüne Paprika, in Stücken
1 Frühlingszwiebel, in Stücken
100 g Tomaten, in Scheiben
½ Räuchertofu, in Würfeln

1. Wenn die Suppe noch zu flüssig ist, Flüssigkeit durch ein Sieb abgießen und die Linsen in 2 Gläser verteilen.
2. Koriander, Essig, Öl und Salz in den Mixtopf geben, **3 Sekunden/ Stufe 8** zerkleinern und über die Linsen gießen.
3. Paprikastücke in den Mixtopf geben, **3 Sekunden/ Stufe 5** zerkleinern und in das Glas hinzufügen.
4. Die Frühlingszwiebelstücke **4 Sekunden/ Stufe 5** zerkleinern.
5. Tomatenscheiben, Frühlingszwiebeln und Räuchertofuwürfel ebenfalls in die Gläser schichten.

1. Wenn die Suppe noch zu flüssig ist, Flüssigkeit durch ein Sieb abgießen und die Linsen in 2 Gläser verteilen.
2. Koriander fein hacken, mit Essig, Öl und Salz vermischen und über die Linsen gießen.
3. Paprika in Würfel schneiden, Frühlingszwiebel in Ringen.
4. Paprikawürfel, Tomatenscheiben, Frühlingszwiebelringe und Räuchertofuwürfel in die Gläser schichten.

Tipp

Die Gläser könnt ihr super im Kühlschrank aufbewahren. Vor dem Essen ordentlich durchschütteln, damit sich das Dressing gut verteilt!

Good Fast Food

Burger mit Jackfruit

Seitdem ich Jackfruit das erste Mal probiert habe, kann ich gar nicht genug davon bekommen und teste sie in allen möglichen Varianten. Besonders auf diesem Burger kann man sie von Pulled Pork geschmacklich und von der Konsistenz her nicht unterscheiden. Die Buns habe ich natürlich selbstgemacht, sie sind einfach um Längen besser als gekaufte Burgerbrötchen!
Ihr müsst diesen gigantischen Burger einfach testen!

Zubereitungszeit: 20 Minuten
Ruhezeit: 1 Stunde 40 Minuten
Backzeit: 20 Minuten
Schwierigkeitsgrad: mittel
Utensilien: 1–2 Backbleche, Backpapier

Zutaten (für 8 Buns)

Buns:
45 g Butter
300 g Milch
1 ½ EL Zucker
21 g Frischhefe
2 Eier, Größe M
¾ TL Salz
500 g Weizenmehl, Type 405
2 EL Wasser
Sesam, nach Belieben

außerdem für 8 Burger:
500 g Pulled Jackfruit, vom Vortag (pro Burger 2 EL)
Zubereitung Schritte 1–3 siehe Rezept Maultaschenauflauf von Seite 70
1 Zwiebel, in Ringen
1 Tomate, in Scheiben
8 Salatblätter
2–4 Gewürzgurken, in Scheiben
8 Scheiben Käse
Burgersauce, nach Belieben, siehe Seite 13

1. Butter in den Mixtopf geben, **3 Minuten/ 70°C/ Stufe 2** schmelzen. Milch, Zucker und zerbröselte Hefe zugeben und **2 Minuten/ 37°C/ Stufe 1** mischen. 1 Ei, Salz und Mehl zugeben und **2 Minuten/ Teigknetstufe** zu einem Teig verarbeiten.
2. Den Teig 1 Stunde in einer separaten Schüssel, mit einem Tuch abgedeckt, an einem warmen Ort gehen lassen. Wenn sich das Teigvolumen verdoppelt hat, nochmals durchkneten und 8 gleichgroße Buns formen. Die Buns mit Abstand auf 1–2 mit Backpapier belegte Backbleche platzieren und an einem warmen Ort abgedeckt weitere 40 Minuten ruhen lassen. Kurz vor Ende der Gehzeit den Ofen auf 190°C Ober-/Unterhitze vorheizen.
3. Das 2. Ei mit dem Wasser verquirlen, die Buns damit bestreichen und mit Sesam bestreuen. Im vorgeheizten Backofen 20 Minuten/ 190°C Ober-/Unterhitze backen.
4. Die Brötchen nach der Backzeit aus dem Ofen holen und mit einem Küchentuch bedeckt, abkühlen lassen.
5. Wer mag, wärmt die Pulled Jackfruit vom Vortag **7 Minuten/ 80°C/ Linkslauf/ Stufe 1** im Mixtopf auf.
6. Burger nach Belieben mit Pulled Jackfruit, Zwiebeln, Tomaten, Salat, Gewürzgurken, Scheibenkäse und Burgersauce belegen.

1. Butter und Milch in einem Topf leicht erwärmen, bis die Butter geschmolzen ist, und vom Herd nehmen.
2. Milch-Butter-Gemisch, Zucker und Hefe verrühren, bis sich die Hefe aufgelöst hat.
3. 1 Ei, Salz und Mehl zugeben und mit den Knethaken des Rührgeräts zu einem Teig verarbeiten.

4. Den Teig 1 Stunde abgedeckt, an einem warmen Ort, gehen lassen. Wenn sich das Teigvolumen verdoppelt hat, nochmals durchkneten und 8 gleichgroße Buns formen. Die Buns mit Abstand auf 1–2 mit Backpapier ausgelegte Backbleche platzieren und an einem warmen Ort abgedeckt weitere 40 Minuten ruhen lassen. Kurz vor Ende der Gehzeit den Ofen auf 190°C Ober-/ Unterhitze vorheizen.
5. Das 2. Ei mit dem Wasser verquirlen, die Buns damit bestreichen und mit Sesam bestreuen. Im vorgeheizten Backofen für 20 Minuten/ 190°C Ober-/Unterhitze backen.
6. Die Brötchen dann aus dem Ofen holen und mit einem Küchentuch bedeckt, abkühlen lassen.
7. Wer mag, wärmt die Pulled Jackfruit vom Vortag einfach kurz in einem Topf auf. Burger nach Belieben mit Pulled Jackfruit, Zwiebeln, Tomaten, Salat, Gewürzgurken, Scheibenkäse und Burgersauce belegen.

Chili-Nacho-Auflauf mit Guacamole & Tomatensalsa

Zubereitungszeit: 15 Minuten
Backzeit: 15 Minuten
Schwierigkeitsgrad: leicht
Utensilien: 1 Auflaufform

Zutaten (für 4 Portionen)

Für den Auflauf:

150 g Käse, am Stück, nach eurem Geschmack
400 g Chili sin Carne, vom Vortag, siehe Seite 100
200 g Nachos
Jalapeños, nach Belieben, in Scheiben

Für die Guacamole:

1 Avocado, halbiert, entkernt, geschält
1 Tomate, entkernt
½ kleine Zwiebel, in Stücken
1 EL Limettensaft
5–6 Blätter Koriander
½ TL Salz

Für die Tomatensalsa:

1 kleine rote Zwiebel, in Stücken
3–4 Stängel Petersilie, abgezupft
2 Tomaten, halbiert
1 El Olivenöl
2 EL Weißweinessig
1 Prise Salz

Die beste Möglichkeit, übriges Chili sin Carne (siehe Seite 100) zu verwerten, ist dieser Nacho-Auflauf mit selbstgemachten Dips. Während die Nachos mit Chili und ordentlich Käse im Ofen überbacken, habt ihr genügend Zeit, um die Dips zuzubereiten. Ich finde, das ist nicht nur eine super Idee für ein schnelles Mittagessen, sondern auch für einen Couch- und Filmabend!

1. Käse in den Mixtopf geben, **5 Sekunden/ Stufe 5** zerkleinern und in eine separate Schüssel umfüllen. Den Ofen auf 180°C Ober-/Unterhitze vorheizen.
2. Einen Teil vom Chili sin Carne auf dem Boden der Auflaufform verteilen, Nachos darüber streuen und das restliche Chili sin Carne darüber geben.
3. Die Jalapeños in Scheiben schneiden und ebenfalls auf die Nachos geben. Mit Käse bestreuen und im vorgeheizten Ofen 15 Minuten/ 180°C Ober-/Unterhitze backen.

Für die Guacamole:

1. Die Avocado, die Tomate, die Zwiebelstücke, den Limettensaft, die Korianderblätter und das Salz in den Mixtopf geben und **6 Sekunden/ Stufe 5** zerkleinern und umfüllen.

Für die Tomatensalsa:

1. Die Zwiebelstücke und die Petersilienblätter in den sauberen Mixtopf geben, **4 Sekunden/ Stufe 4** zerkleinern und mit dem Spatel nach unten schieben. Die Tomatenhälften, das Olivenöl, den Weißweinessig und das Salz hinzufügen und nochmals **4 Sekunden/ Stufe 4** vermengen.
2. Beide Dips zusammen mit dem Nacho-Auflauf servieren.

1. Den Ofen auf 180°C Ober-/Unterhitze vorheizen.
2. Einen Teil vom Chili sin Carne auf dem Boden der Auflaufform verteilen, Nachos darüber streuen und das restliche Chili sin Carne darüber geben.
3. Die Jalapeños in Scheiben schneiden und ebenfalls auf die Nachos geben. Käse reiben, den Auflauf damit bestreuen und im vorgeheizten Ofen 15 Minuten/ 180°C Ober-/Unterhitze backen.

Für die Guacamole:

1. Avocado mit einer Gabel zerdrücken und mit dem Limettensaft vermischen, damit die Avocado nicht braun wird. Zwiebel und Tomate fein würfeln, Koriander hacken und mit dem Salz zu der Avocado geben und mischen.

Für die Tomatensalsa:

1. Zwiebeln und Tomaten fein würfeln, Petersilie hacken und mit Öl, Weißweinessig und Salz mischen.
2. Beide Dips zusammen mit dem Nacho-Auflauf servieren.

Elisas Special-Veggie-Burger

In meiner Anfangszeit als Vegetarierin war ich immer etwas überfordert, wenn es darum ging, was für uns beim Grillen auf den Rost kommt. Bis ich irgendwann diesen Burger mit grandiosem Patty kreiert habe, der selbst Fleischesser überzeugt hat. Wenn ihr die Patties auf dem Grill zubereitet, dann bitte auf einer dieser schwarzen Grillmatten, damit geht ihr sicher, dass nichts kleben bleibt. Genauso gut werden sie aber, wenn ihr die Patties in der Pfanne in Öl bratet oder auch im Ofen auf Backpapier. Aus der Masse bekommt ihr deutlich mehr Patties, als ein normaler Mensch verdrücken kann. Wickelt die restlichen in Frischhaltefolie und friert sie ein, das klappt super!

Zubereitungszeit:
15–20 Minuten
Schwierigkeitsgrad: leicht

Zutaten (für 5 Burger)

Für 5 Patties:
1 rote Paprika, in Stücken
1 kleine Zwiebel, halbiert
1 TL Pflanzenöl
2 Dosen Kidneybohnen, 500 g, Abtropfgewicht
1 TL Worcestershiresauce, vegetarische, z.B. von Ostmann
100 g Mais, aus der Dose, Abtropfgewicht
1 Ei, Größe M
½ TL Salz
5 Tropfen Liquid Smoke, z.B. online erhältlich
50 g geriebene Parmesan-Alternative
100 g Weizenmehl, Type 405

Für die Burger:
5 Burger Buns
Salat, ganze Blätter
Zwiebeln, in Ringen
Tomaten, in Scheiben
Gewürzgurken, in Scheiben
5 Scheiben Käse
Burgersauce, nach Belieben, siehe Seite 13

1. Für die Patties Paprikastücke und Zwiebelhälften in den Mixtopf geben, **5 Sekunden/ Stufe 4** zerkleinern, mit dem Spatel nach unten schieben. Öl hinzufügen und **4 Minuten/ 100°C/ Stufe 2** dünsten.
2. Abgetropfte Kidneybohnen, Worcestersauce, Mais, Ei, Salz, Liquid Smoke, geriebene Parmesan-Alternative und Mehl ebenfalls in den Mixtopf geben und **8 Sekunden/ Stufe 4** pürieren. Es soll hierbei keine breiige Masse entstehen, sondern ein stückiger Stampf. Sollte die Masse zu klebrig sein, noch ein bisschen Mehl hinzugeben.
3. Aus der Masse ca. 1 cm hohe Patties formen und schön anbraten. Wenn sie in der Pfanne gebraten werden, vorher nochmal in Mehl wälzen, dann zerfallen sie nicht so leicht.
4. Für die Burger die Burger Buns aufschneiden, oben und unten mit Burgersauce bestreichen und dann wird gestapelt: Salat, Patty, Käse, Zwiebeln, Tomaten, Gewürzgurke … die Menge überlasse ich euch, das hängt davon ab, wie weit ihr euren Mund aufbekommt.

1. Paprika und Zwiebel fein würfeln, in einer Pfanne in Öl ca. 4 Minuten anbraten und in eine Schüssel umfüllen.
2. Paprika, Zwiebel, abgetropfte Kidneybohnen, Worcestersauce, Mais, Ei, Salz, Liquid Smoke, geriebene Parmesan-Alternative und Mehl mit den Händen vermengen, dabei die Kidneybohnen mit den Fingern zerdrücken.
3. Und weiter geht's ab Schritt 3 im TM-Rezept. Lasst es euch schmecken!

Wusstest du? Nicht alle Worcestershiresaucen sind vegetarisch! Das Original enthält Fisch (Sardellen). Bitte beim Kauf auf die E-Nummern achten. Vegetarisch sind zum Beispiel die Worcestershiresaucen von Ostmann, Altenburger und Dittmann.

Mexikanische Burrito-Bowl

Zubereitungszeit: 25–30 Minuten
Backzeit: 15–20 Minuten
Schwierigkeitsgrad: leicht
Utensilien: Backblech, Backpapier, 2 ofenfeste Schüsseln

Zutaten (für 2 Bowls)
100 g Cheddar, am Stück

Tomatensalsa:
2 Frühlingszwiebeln, in Stücken
100 g Tomaten, in Stücken
1 EL weißer Balsamico-Essig
½ TL Salz

Mexiko-Gemüse:
1 rote Paprika, in Stücken
1 rote Zwiebel, halbiert
100 g schwarze Bohnen, aus der Dose, Abtropfgewicht
100 g Mais, aus der Dose, Abtropfgewicht
250 g Räuchertofu, in Würfeln
3 EL pflanzliches Öl
2 EL Taco-Gewürz, gekauft oder selbstgemacht, siehe Tipp

Reis:
1000 g Wasser
1 TL Salz
150 g Parboiled Reis
1 EL Taco-Gewürz, gekauft oder selbstgemacht, siehe Tipp

2 Tortilla-Wraps
1 EL pflanzliches Öl
Schmand, zum Servieren
1 Avocado, in Scheiben

Normalerweise kann ich diesen ganzen Hype um Bowls nicht so ganz nachvollziehen. Vor allem, wenn sie schon so klingen, als könnten sie einfach nicht schmecken. Daher habe ich probiert, eine Version zu zaubern, die mir schmeckt. Und sie hat mich tatsächlich überzeugt! Eine große Rolle spielt hierbei auch das Taco-Gewürz, welches ganz schnell selbstgemacht ist und dem Gericht den Pepp gibt!

1. Cheddar in den Mixtopf geben, **6 Sekunden/ Stufe 5** zerkleinern und in eine separate Schüssel umfüllen. Den Backofen auf 180°C Umluft vorheizen und ein Backblech mit Backpapier belegen.
2. Frühlingszwiebelstücke in den Mixtopf geben, **4 Sekunden/ Stufe 4** zerkleinern und mit dem Spatel nach unten schieben. Tomatenstücke, Balsamico und Salz zugeben und **3 Sekunden/ Stufe 4** zerkleinern. Dann umfüllen.
3. Paprikastücke und Zwiebelhälften in den sauberen Mixtopf geben, **4 Sekunden/ Stufe 4** zerkleinern und die Stücke mit dem Spatel nach unten schieben. Bohnen, Mais, Tofu, Öl und das Taco-Gewürz zufügen und **8 Sekunden/ Linkslauf/ Stufe 3** vermengen.
4. Gemüse auf einem vorbereiteten Backblech verteilen und im vorgeheizten Backofen für 15–20 Minuten/ 180°C Umluft rösten. 2 ofenfeste Schüsseln mit Öl bestreichen, Tortilla-Wraps darin ausbreiten und die letzten 10 Minuten der Garzeit zu dem Ofengemüse in den Ofen stellen.
5. In der Zwischenzeit Wasser und Salz in den sauberen Mixtopf geben, Gareinsatz einhängen, Reis einwiegen und **18 Minuten/ 100°C/ Stufe 2** garen. Nach der Garzeit abgießen und mit Taco-Gewürz mischen.
6. Tortilla-Wraps mit allen Zutaten füllen, mit Käse bestreuen und mit Schmand und Avocadoscheiben servieren.

Für das Tacogewürz: Alle Gewürze in den Mixtopf geben und **5 Sekunden/ Stufe 5** vermengen.

Taco-Gewürz:
3 EL Salz
2 TL Kreuzkümmel, gemahlen
1 TL Knoblauchpulver
1 TL Zwiebelpulver
2 TL Cayennepfeffer
2 TL Paprikapulver, edelsüß

1. Cheddar reiben und beiseitestellen. Backofen auf 180°C Umluft vorheizen und ein Backblech mit Backpapier belegen.
2. Paprika und Zwiebel würfeln und mit Bohnen, Mais, Tofu, Öl und dem Taco-Gewürz für das Mexiko-Gemüse vermengen. Gemüse auf dem vorbereiteten Backblech verteilen und im vorgeheizten Backofen für 15–20 Minuten/180°C Umluft rösten. 2 ofenfeste Schüsseln mit Öl bestreichen, Tortilla-Wraps darin ausbreiten und die letzten 10 Minuten der Garzeit zu dem Ofengemüse in den Ofen stellen.
3. In der Zwischenzeit Reis nach Packungsanweisung kochen und mit Taco-Gewürz vermischen.
4. Tortilla-Wraps mit allen Zutaten füllen, mit Käse bestreuen und mit Schmand und Avocadoscheiben servieren.

Für das Tacogewürz: Alle Zutaten in einem Schälchen gut vermischen.

Mexiko-Taschen mit feuriger Salsa

Ihr habt Lust auf einen schnellen Sattmacher-Snack? Dann müsst ihr diese unglaublich leckeren Mexiko-Taschen unbedingt probieren! Die feurige Salsa gibt dem Ganzen den richtigen Pepp. Ich habe mir gleich mehrere Mexiko-Taschen gemacht und die Reste am nächsten Tag mit ins Büro genommen. Sie lassen sich hervorragend in der Mikrowelle aufwärmen und schmecken auch kalt noch sehr gut!

Zubereitungszeit: 35 Minuten
Schwierigkeitsgrad: leicht
Utensilien: Grillpfanne oder Kontaktgrill

Zutaten (für 2 Taschen)

Für die Salsa:
1 Tomate, in Stücken
1 rote Paprika, in Stücken
½ Zwiebel
½ Chilischote
1 Knoblauchzehe
Saft von ½ Limette
¼ TL Zucker
1 Prise Salz

Für die Hackfüllung:
1 kleine Zwiebel, halbiert
1 EL Öl
200 g Veggie-Hack, z.B. Veganes Mühlen Hack von der Rügenwalder Mühle
1 EL Tomatenmark
2 TL mexikanische Gewürzmischung, z.B. Mexican Allrounder von Just Spices
75 g Wasser

außerdem:
2 große Tortilla-Wraps
75 g Käse, gerieben
1 Handvoll Babyspinat

1. Für die Salsa Tomatenstücke, Paprikastücke, Zwiebelhälfte, halbe Chilischote, Knoblauch, Limettensaft, Zucker und Salz in den Mixtopf geben, **7 Sekunden/ Stufe 6** zerkleinern, mit dem Spatel nach unten schieben und nochmal **4 Sekunden/ Stufe 4** vermischen. Die Reste wieder mit dem Spatel nach unten schieben. Die Salsa **15 Minuten/ 100°C/ Stufe 2** einkochen lassen. Die Salsa anschließend in eine separate Schüssel umfüllen.
2. Für die Hackfüllung Zwiebelhälften in den sauberen Mixtopf geben und **4 Sekunden/ Stufe 5** zerkleinern. Mit dem Spatel nach unten schieben. Öl hinzufügen und **2 Minuten/ 100°C/ Stufe 1,5** andünsten. Das Veggie-Hack hinzufügen und weitere **5 Minuten/ 100°C/ Stufe 2** anbraten. Tomatenmark, mexikanische Gewürzmischung und Wasser zugeben und **5 Minuten/ 100°C/ Stufe 2** weiter garen.
3. In die Mitte der Tortillas die Hälfte der Hackfüllung geben, Babyspinat, Käse und Salsa nach Geschmack darüber geben.
4. Die Ränder nacheinander im Uhrzeigersinn in die Mitte klappen, sodass ein Viereck entsteht.
5. Auf dem Kontaktgrill oder in einer Grillpfanne ca. 5 Minuten grillen.
6. Zusammen mit der restlichen Salsa servieren.

1. Für die Hackfüllung Zwiebel würfeln und in einer Pfanne in Öl andünsten. Das Veggie-Hack hinzufügen und 4–5 Minuten anbraten. Die restlichen Zutaten für die Hackfüllung in die Pfanne geben und weitere 5 Minuten garen.
2. Für die Salsa Tomate, Paprika, Zwiebel, Chilischote und Knoblauch sehr fein schneiden. Anschließend mit Limettensaft, Zucker und Salz würzen. In einem kleinen Topf etwa 12 Minuten einköcheln.

3. In die Mitte der Tortillas die Hälfte der Hackfüllung geben, Blattspinat, Käse und Salsa nach Geschmack darüber geben.
4. Die Ränder nacheinander im Uhrzeigersinn in die Mitte klappen, sodass ein Viereck entsteht.
5. Auf dem Kontaktgrill oder in einer Grillpfanne ca. 5 Minuten grillen.
6. Zusammen mit der restlichen Salsa servieren.

Chili sin Carne

Bei vielen hält sich ja hartnäckig das Gerücht, dass Vegetarier auf so viel verzichten müssen. Das sehe ich ganz anders, denn tatsächlich gibt es so tolle Alternativen, die, wenn man sie richtig würzt, dem Original-Fleischgericht in nichts nachstehen. Bei Familientreffen kommt gerne mal Chili auf den Tisch, für die Familie mit „normalem" Hackfleisch, für mich und meinen Lebensgefährten gibt es die Veggie-Variante. Lustigerweise essen alle fröhlich auch aus unserem Töpfchen mit, ohne zu merken, dass es vegetarisch ist. Wir sagen erst nie was und freuen uns über die verdutzten Gesichter, wenn dann rauskommt, dass sie genüsslich unser Veggie-Chili verputzt haben.

Zubereitungszeit: 50 Minuten
Ziehzeit: 10 Minuten
Schwierigkeitsgrad: leicht
Utensilien: Küchentuch

Zutaten (für 4 Portionen)

200 g Sojagranulat, trocken, z.B. von Vantastic foods
2 TL Paprikapulver, rosenscharf
5 Tropfen Liquid Smoke, z.B. online erhältlich
1000 g heißes Wasser
2 TL Gemüsepaste, siehe Seite 14
1 Knoblauchzehe
1 Zwiebel, halbiert
1 Chilischote, entkernt, in Stücken
2 rote Paprika, in Stücken
15 g Rapsöl
1 EL Agavendicksaft
2 EL Tomatenmark
100 g Rotwein
440 g Tomaten, stückig, aus der Dose
½ TL Kreuzkümmel, gemahlen
1 TL Backkakao
1 TL Paprikapulver, edelsüß
1 TL Cayennepfeffer, gemahlen
1 ½ TL Salz
400 g Kidneybohnen, aus der Dose, Abtropfgewicht
150 g Mais, aus der Dose, Abtropfgewicht
optional: Saure Sahne, Baguette

1. Sojagranulat mit 1 TL rosenscharfem Paprikapulver und dem Liquid Smoke in eine Schüssel geben und mit dem heißen Wasser übergießen, danach die Gemüsepaste einrühren. 10 Minuten ziehen lassen, in ein Küchentuch geben und die Flüssigkeit auswringen.
2. Knoblauch, Zwiebelhälften und Chilischotenstücke in den Mixtopf geben und **3 Sekunden/ Stufe 5** zerkleinern. Die Stücke mit dem Spatel nach unten schieben. Paprika in Stücken dazugeben und nochmal **3 Sekunden/ Stufe 5** zerkleinern. Die Stücke wieder mit dem Spatel nach unten schieben.
3. Öl dazugeben und **5 Minuten/ 100°C/ Linkslauf/ Stufe 1** andünsten. Agavendicksaft dazugeben und nochmal **3 Minuten/ 100°C/ Linkslauf/ Stufe 1** karamellisieren. Danach das Tomatenmark in den Mixtopf geben und **3 Minuten/ 100°C/ Linkslauf/ Stufe 2** anrösten. Mit Rotwein ablöschen und **5 Minuten/ 100°C/ Stufe 1** einköcheln lassen.
4. Eingeweichtes Sojagranulat, Dosentomaten, Kreuzkümmel, Kakaopulver, 1 TL Paprikapulver rosenscharf, Paprikapulver edelsüß, Cayennepfeffer und Salz dazugeben und **25 Minuten/ 100°C/ Stufe 1** garen. Zum Schluss noch die abgetropften Kidneybohnen und den Mais hinzufügen und nochmals **5 Minuten/ 100°C/ Stufe 1** erhitzen.
5. Wer möchte, gibt noch 1 Klecks Saure Sahne darüber und serviert das Chili mit frischem Baguette.

1. Das Sojagranulat mit 1 TL rosenscharfem Paprikapulver und dem Liquid Smoke in eine Schüssel geben und mit dem heißen Wasser übergießen, die Gemüsepaste einrühren. 10 Minuten ziehen lassen, danach in ein Küchentuch geben und die Flüssigkeit auswringen.

2. Knoblauch und Chili fein hacken, Zwiebel und Paprika in Würfel schneiden.
3. Knoblauch, Chili und Zwiebel in einer heißen Pfanne mit Rapsöl anrösten, Paprika dazugeben und nach ca. 3 Minuten den Agavendicksaft hinzugeben und leicht karamellisieren lassen. Schließlich kommt das Tomatenmark hinzu und wird nochmal 3 Minuten mit geröstet. Mit dem Rotwein ablöschen und 5 Minuten einköcheln lassen.
4. Danach eingeweichtes Sojagranulat, Dosentomaten, Kreuzkümmel, Kakaopulver, 1 TL Paprikapulver rosenscharf, Paprikapulver edelsüß, Cayennepfeffer und Salz in die Pfanne geben. Den Eintopf ca. 25 Minuten köcheln lassen. Abgetropfte Kidneybohnen und Mais hinzufügen und nochmal für 5 Minuten aufkochen.
5. Wer möchte, gibt noch 1 Klecks Saure Sahne darüber und serviert das Chili mit frischem Baguette.

Pizza, Pasta & Quiches

Gefüllte Muschelnudeln in fruchtiger Paprika-Tomatensauce

Leckere Pasta, cremiger Ricotta, frische Kräuter und eine fruchtige Tomatensauce: Was will man mehr? Die Nudeln müsst ihr nicht unbedingt vorkochen, dementsprechend müsst ihr die Zeit im Ofen aber um 15 Minuten verlängern!

Zubereitungszeit: 23 Minuten
Backzeit: 20 Minuten
Schwierigkeitsgrad: leicht–mittel
Utensilien: 1 Auflaufform

Zutaten (für 2–4 Portionen)

Für die Füllung:
75 g Parmesan-Alternative, z.B. Prosociano von Violife
1 Bund Basilikum
70 g Mandeln, gehackt
400 g Ricotta
1 Ei, Größe M
1 TL Salz
¼ TL Pfeffer

Für die Tomatensauce:
1 Zwiebel, halbiert
1 Knoblauchzehe
2 EL Olivenöl
½ TL Zucker
50 g Weißwein
2 Dosen Tomaten, stückig, à 400 g
1 TL Oregano, getrocknet
1 TL Salz

16 große Muschelnudeln, vorgekocht
20 g Pinienkerne

1. Den Backofen auf 200°C Ober-/Unterhitze vorheizen.
2. Für die Füllung Parmesan-Alternative in den Mixtopf geben, **7 Sekunden/ Stufe 8** mahlen und in eine separate Schüssel umfüllen. Basilikum **5 Sekunden/ Stufe 5** zerkleinern. Die Reste mit dem Spatel nach unten schieben. Mandeln, Ricotta, Ei, Salz, Pfeffer, sowie Parmesan-Alternative hinzufügen und **7 Sekunden/ Stufe 4** verrühren.
3. Für die Tomatensauce Zwiebelhälften und Knoblauch in den Mixtopf geben und **5 Sekunden/ Stufe 5** zerkleinern. Die Reste mit dem Spatel nach unten schieben. Das Öl dazugeben und **4 Minuten/ 120°C/ Stufe 1** dünsten, nach 2 Minuten den Zucker durch die Deckelöffnung einrieseln lassen. Mit dem Weißwein ablöschen und **3 Minuten/ 100°C/ Linkslauf/ Stufe 1** einköcheln lassen.
4. Tomaten, Oregano und Salz hinzufügen und für weitere **5 Minuten/ 100°C/ Stufe 1** köcheln.
5. Die Sauce in eine Auflaufform geben, die Muschelnudeln mit der Ricotta-Masse füllen, auf die Tomatensauce setzen und mit den Pinienkernen bestreuen.
6. Im vorgeheizten Backofen für 20 Minuten/ 200°C Ober-/Unterhitze backen und servieren.

1. Den Backofen auf 200°C Ober-/Unterhitze vorheizen.
2. Für die Füllung Parmesan-Alternative reiben. Basilikum fein hacken und mit Mandeln, Ricotta, Ei, Salz, Pfeffer, sowie geriebener Parmesan-Alternative gut verrühren.
3. Für die Tomatensauce Zwiebel und Knoblauch fein würfeln. Das Öl in einer Pfanne erhitzen und Zwiebeln und Knoblauch darin andünsten.

Nach 2 Minuten den Zucker zugeben und kurz karamellisieren lassen. Mit dem Weißwein ablöschen und 3 Minuten einköcheln lassen.

4. Tomaten, Oregano und Salz hinzufügen und für weitere 5 Minuten köcheln.
5. Die Sauce in eine Auflaufform geben, die Muschelnudeln mit der Ricotta-Masse füllen, auf die Tomatensauce setzen und mit den Pinienkernen bestreuen.
6. Im vorgeheizten Backofen für 20 Minuten/ 200°C Ober-/Unterhitze backen und servieren.

Nudelsalat mit Basilikumpesto

Nudelsalat mit ordentlich Majo, dickem Schinken und Erbsen? Nicht bei mir, ich mag es gerne etwas leichter und frischer. Bei dem Pesto muss es nicht unbedingt Basilikum sein, Rucola ist zum Beispiel auch eine tolle Alternative. Oder habt ihr schonmal Pesto aus dem Grün von Radieschen probiert? Wenn nicht, dann solltet ihr das nachholen!

Zubereitungszeit: 25 Minuten
Schwierigkeitsgrad: leicht

Zutaten (für 6 Portionen, als Beilage)
1 großer Bund Basilikum
75 g Walnüsse
30 g Tomaten, getrocknet
80 g Parmesan-Alternative, z.B. Prosociano von Violife
125 g Olivenöl
½ TL Salz
500 g Wasser
250 g Farfalle
1 TL Salz
125 g Cocktailtomaten, geviertelt
1 rote Paprika, in Streifen
125 g Mini-Mozzarella
gehackte Walnüsse und Basilikum zum Garnieren

1. Basilikum, Walnüsse, getrocknete Tomaten und Parmesan-Alternative in den Mixtopf geben und **8 Sekunden/ Stufe 8** zerkleinern und mit dem Spatel nach unten schieben. Olivenöl und Salz zugeben und nochmals **10 Sekunden/ Stufe 4** vermischen, Pesto in eine separate Schüssel umfüllen. Mixtopf reinigen.
2. Wasser in den Mixtopf geben, **12 Minuten/ 100°C/ Stufe 1** zum Kochen bringen, Nudeln und Salz dazugeben und nach Packungsanweisung **10–12 Minuten/ 100°C/ Linkslauf/ Stufe 1** kochen.
3. Wasser abgießen, Nudeln in eine Schüssel geben und abkühlen lassen. Mit Pesto, Tomatenvierteln, Paprikastreifen und Mozzarella vermengen. Mit gehackten Walnüssen und Basilikum garniert servieren.

1. Nudeln in Salzwasser nach Packungsanweisung kochen.
2. Parmesan-Alternative reiben, zusammen mit Walnüssen, Basilikum, getrockneten Tomaten, Salz und Olivenöl in einen hohen schmalen Behälter geben und mit dem Pürierstab pürieren.
3. Nudeln in eine Schüssel füllen und abkühlen lassen. Pesto darüber geben, und alles zusammen mit Paprikastreifen, Mozzarella und geviertelten Cocktailtomaten mischen. Mit gehackten Walnüssen und Basilikum garniert servieren.

Paprika-Zucchini-Quiche

Dieses Rezept eignet sich hervorragend, wenn ihr ein paar Gemüsereste zu Hause habt. Denn anstelle der Paprika und Zucchini könnt ihr auch andere Gemüsesorten verwenden. Von Tomaten über Pilze bis hin zu Brokkoli könnt ihr euch hier gerne austoben! Achtet nur darauf, dass die Mengenverhältnisse in etwa passen.

Zubereitungszeit: 15 Minuten
Backzeit: 25 Minuten
Ruhezeit: 15 Minuten
Schwierigkeitsgrad: mittel
Utensilien: Frischhaltefolie, 1 Quiche-Form

Zutaten (für 12 Stücke/ 1 Quiche)

Für den Teig:

250 g Weizenmehl, Type 405
125 g Butter, kalt, in Stücken
1 Prise Salz
1 Eigelb, Größe L
2 EL kaltes Wasser
1 Prise Salz
125 g Wasser

Füllung:

1 Zwiebel, halbiert
2 Paprika, nach Wahl, in Stücken
1 mittelgroße Zucchini, in Stücken
200 g Bergkäse, am Stück
2 Eier, Größe M
200 g Sahne
100 g Magerquark
1 Prise Muskatnuss
½ TL Salz
1 Prise Pfeffer

1. Mehl, Butter, Salz, Eigelb und Wasser in den Mixtopf geben und **2 Minuten/ Teigknetstufe** zu einem homogenen Teig vermengen. In Frischhaltefolie wickeln und 15 Minuten kaltstellen.
2. In der Zwischenzeit Zwiebelhälften, Paprikastücke und Zucchinistücke in den Mixtopf geben, **5 Sekunden/ Stufe 4** zerkleinern und umfüllen. Den Backofen auf 200°C Ober-/Unterhitze vorheizen.
3. Käse in den Mixtopf geben, **5 Sekunden/ Stufe 7** zerkleinern. Die Reste mit dem Spatel nach unten schieben. Eier, Sahne, Magerquark, Muskatnuss, Salz und Pfeffer dazugeben und **6 Sekunden/ Stufe 4** vermengen.
4. Den Teig ausrollen. Die Quiche-Form leicht fetten und den Teig hineingeben, den Rand andrücken und überstehende Ränder mit einem Messer abschneiden. Paprika und Zucchini auf dem Teig verteilen und die Sahne-Käse-Masse darüber geben.
5. Die Quiche im vorgeheizten Backofen 25 Minuten/ 200°C Ober-/Unterhitze goldbraun backen, bis die Masse gestockt ist.

1. Mehl, Butter, Salz, Eigelb und Wasser zu einem homogenen Teig verarbeiten, in Frischhaltefolie wickeln und 15 Minuten kaltstellen. Den Backofen auf 200°C Ober-/Unterhitze vorheizen.
2. Das Gemüse in 1–2 cm große Würfel schneiden. Den Käse reiben und mit Sahne, Magerquark, Eiern, Muskatnuss, Salz und Pfeffer mischen.
3. Mit Schritt 4 im TM-Rezept fortfahren.

Pasta mit cremiger Tomatensauce

Kennt ihr schon? Nee, kennt ihr nicht! Zumindest nicht in der Special-Elisa-Version, mit der weltbesten Tomatensauce. Quatsch, ich bin nicht überheblich!
Irgendwie hat ja jeder, der gerne kocht, sein Lieblingsrezept für eine gute Tomatensauce. Ich bin gespannt, wie ihr meins findet. Eine der Geheimzutaten ist sicherlich der Schuss Weißwein. Ihr kennt das, oder? Einen Schluck in die Pfanne, einen für die Köchin! Wahrscheinlich finde ich die Sauce deshalb so grandios!

Zubereitungszeit: 30 Minuten
Schwierigkeitsgrad: leicht

Zutaten (für 2 Portionen)

1 Knoblauchzehe
1 Zwiebel, halbiert
20 g Olivenöl
1 TL Zucker
50 g Weißwein
1 TL Gemüsepaste, siehe Seite 14
200 g Kirschtomaten, halbiert
400 g stückige Tomaten, aus der Dose
2 Scheiben Käse, z.B. Gouda oder Tilsiter
1 TL Oregano, getrocknet
½ TL Kräuter der Provence, getrocknet
½ TL Salz
450 g Wasser
300 g Spaghetti
5–6 Blätter Basilikum
Parmesan-Alternative, zum Bestreuen, z.B. Prosociano von Violife

1. Knoblauch und Zwiebelhälften in den Mixtopf geben und **5 Sekunden/ Stufe 5** zerkleinern. Mit dem Spatel nach unten schieben, Olivenöl hinzufügen und **3 Minuten/ 120°C/ Stufe 1** andünsten. Zucker hinzufügen, nochmals für **2 Minuten/ 100°C/ Stufe 1** andünsten. Mit Weißwein und Gemüsepaste ablöschen. **5 Minuten/ 100°C/ Stufe 2** köcheln lassen.
2. Die halbierten Kirschtomaten dazugeben, 2–3 zum Dekorieren beiseitelegen und **5 Sekunden/ Stufe 5** zerkleinern. Den Inhalt der Tomatendose, Käsescheiben, Oregano, Kräuter der Provence, Salz und Wasser hinzugeben und für **5 Minuten/ 100°C/ Stufe 1** erhitzen.
3. Nudeln durch die Deckelöffnung leicht verdreht hinzugeben und nach Packungsanweisung auf **100°C/ Linkslauf/ Stufe 1** kochen lassen.
4. Basilikum klein schneiden, Spaghetti anrichten und mit frischem Basilikum und geriebener Parmesan-Alternative servieren.

1. Knoblauch fein hacken, Zwiebel in Würfel schneiden. Öl in einem Topf erhitzen, Zwiebel und Knoblauch darin für ca. 2 Minuten andünsten lassen. Zucker hinzufügen und leicht karamellisieren lassen. Mit Weißwein ablöschen und die Gemüsepaste unterrühren. Ca. 5 Minuten köcheln lassen.
2. In der Zwischenzeit die Kirschtomaten vierteln und zu dem Weißweinsud geben. Für 5 Minuten einkochen lassen. Dann den Doseninhalt, Oregano und Kräuter der Provence, Salz und Wasser hinzugeben und aufkochen lassen.
3. Die Nudeln hinzufügen und je nach Packungsanweisung kochen, bis sie al dente sind.
4. Basilikum klein schneiden, Spaghetti anrichten und mit frischem Basilikum und geriebener Parmesan-Alternative servieren.

Quiche-Tartelettes mit Gruyère, Birnen und Walnüssen

Die Kombination aus süß und deftig ist ja nichts Neues, aber Gruyère-Käse mit saftiger Birne und knackigen Walnüssen ist mein bisheriges Highlight. Ich hatte immer ein bisschen Respekt vor Quiches, das ist aber absolut unbegründet, denn der Teig ist sehr schnell gemacht und das Ergebnis wird euch überzeugen!

Zubereitungszeit: 10 Minuten
Ruhezeit: 15 Minuten
Backzeit: 20 Minuten
Schwierigkeitsgrad: einfach
Utensilien: Frischhaltefolie, 1 kreisförmiger Ausstecher, 5 kleine Quiche-Förmchen, Ø 10 cm

Zutaten (für 5 Tartelettes)

Für den Teig:
125 g Butter, kalt
1 Prise Salz
2 EL Wasser, kalt
250 g Weizenmehl, Type 405
1 Eigelb, Größe L

Für die Füllung:
150 g Gruyère, in Stücken
2 Eier, Größe M
200 g Sahne
1 Prise Muskatnuss
½ TL Salz
1 Prise Pfeffer
1 Birne, in dünnen Scheiben
1 EL Zitronensaft
1 Handvoll Walnüsse, gehackt

1. Für den Teig Butter, Salz, Wasser, Mehl und Eigelb in den Mixtopf geben und **2 Minuten/ Teigknetstufe** zu einem homogenen Teig vermengen. In Frischhaltefolie wickeln und 15 Minuten kaltstellen. Den Backofen auf 180°C Ober-/Unterhitze vorheizen.
2. In der Zwischenzeit für die Füllung den Käse in den sauberen Mixtopf geben, **5 Sekunden/ Stufe 7** zerkleinern und mit dem Spatel nach unten schieben. Eier, Sahne, Muskatnuss, Salz und Pfeffer dazugeben und **6 Sekunden/ Stufe 4** vermengen.
3. Den Teig ausrollen und Kreise um etwa 1 cm größer ausstechen, als die Förmchen.
4. Die Förmchen leicht fetten und den Teig hineingeben, den Rand andrücken und überstehende Ränder mit einem Messer abschneiden, anschließend die Käsemasse einfüllen. Die Birne in dünne Scheiben schneiden und die Birnenscheiben mit Zitronensaft beträufeln, damit sie nicht braun werden.
5. Birnenscheiben leicht in die Käsemasse drücken und mit gehackten Walnüssen bestreuen.
6. Die Förmchen auf ein Backblech setzen und im vorgeheizten Ofen 20 Minuten/ 180°C Ober-/Unterhitze backen, bis die Masse gestockt hat und der Teig goldbraun ist.

1. Butter, Salz, Wasser, Mehl und Eigelb mit den Händen zu einem homogenen Teig verarbeiten, in Frischhaltefolie wickeln und 15 Minuten kaltstellen. Den Backofen auf 180°C Ober-/Unterhitze vorheizen.
2. Den Käse reiben und mit Eiern, Sahne, Muskatnuss, Salz und Pfeffer mischen. Dann mit Schritt 3 der TM-Anleitung fortfahren.

Spaghetti aglio e olio mit frischen Tomaten

Wenn's mal wieder schneller gehen muss, liebe ich dieses leckere Pasta-Gericht, das nicht nur einfach ist, sondern auch in einem Topf gezaubert wird. Das Schöne ist, dass ihr nicht erst einen Großeinkauf dafür machen müsst, sondern vielleicht sogar die wenigen Zutaten schon zu Hause habt, um den Klassiker Spaghetti aglio e olio zuzubereiten. Das Original kommt ohne frische Tomaten aus, aber ich finde, sie verleihen dem Gericht eine gewisse Frische!

Zubereitungszeit: 25 Minuten
Schwierigkeitsgrad: leicht

Zutaten (für 2 Portionen)
3 mittelgroße Tomaten, halbiert, entkernt
3 Knoblauchzehen
½–1 rote Peperoni
½ Bund Petersilie
70 g Olivenöl
500 g Wasser
1 TL Salz
250 g Spaghetti

1. Tomaten halbieren, entkernen und **4 Sekunden/ Stufe 4** im Mixtopf zerkleinern. In eine separate Schüssel umfüllen. Knoblauchzehen, Peperoni (mit oder Kerne, das überlasse ich euch!) und abgezupfte Petersilienblätter in den Mixtopf geben und **5 Sekunden/ Stufe 7** zerkleinern. Mit dem Spatel nach unten schieben und das Olivenöl hinzufügen. **5 Minuten/ 110°C/ Linkslauf/ Stufe 1** andünsten. Dann herausnehmen und beiseitestellen.
2. Wasser und Salz in den sauberen Mixtopf geben, **4 Minuten/ 100°C/ Stufe 1** aufkochen lassen. Zu der Zubereitungszeit, die auf der Spaghettipackung steht, rechnet ihr 3 Minuten hinzu und gebt die Spaghetti leicht verdreht bei **100°C/ Linkslauf/ Sanftrührstufe** durch die Deckelöffnung in den Mixtopf. Wenn sie etwas weicher werden, könnt ihr sie vorsichtig mit dem Spatel nach unten schieben.
3. Wenn die Pasta fertig gegart ist, vermengt sie mit der Sauce und gebt frisch am Tisch die Tomaten darüber. Mit Parmesan-Alternative und gehacktem Basilikum bestreuen.
4. Wer mag, kann noch einen Schuss Olivenöl dazugeben.

1. Spaghetti nach Packungsanweisung in Salzwasser kochen. Tomaten halbieren, entkernen und in Würfel schneiden, beiseitestellen. Knoblauch in feine Scheiben schneiden, Chili in Ringe schneiden und Petersilienblättchen hacken.
2. Das Öl in einer Pfanne erwärmen, Peperoni und Knoblauch dazugeben und ca. 2–3 Minuten anbraten. Aufpassen, dass der Knoblauch nicht zu dunkel wird, dann wird er bitter.
3. Wenn die Spaghetti fertig gekocht sind, aus dem Salzwasser in die Pfanne geben, es darf gerne ein bisschen Kochwasser mit in die Pfanne kommen und alles gut vermengen. Die Spaghetti auf Tellern anrichten, mit frischen Tomaten und der Petersilie bestreuen und evtl. noch mit Salz und Pfeffer würzen. Mit Parmesan-Alternative und gehacktem Basilikum bestreuen. Wer mag, kann noch einen Schuss Olivenöl dazugeben.

Pizza-Pestorolle aus dem Ofen

Diese Pestorolle ist ein bisschen aus der Not entstanden: Sonntagnachmittag, der Hunger klopft an der Tür und der Kühlschrank gibt nicht mehr allzu viel her. Die Zutaten für den Teig habe ich eigentlich fast immer im Haus. Hefe kann man problemlos einfrieren und selbstgemachtes Pesto hatte ich auch noch da! Hier geht übrigens auch gekauftes Pesto. Was ebenfalls super passt, ist Pesto Rosso! Das Schöne an der Rolle ist, dass ihr den Inhalt variieren könnt: Paprika, Champignons oder Scheibenkäse gehen genauso gut wie Tomate und Mozzarella, da könnt ihr eurer Kreativität freien Lauf lassen.

Zubereitungszeit: 10 Minuten
Ruhezeit: 1 Stunde
Backzeit: 25 Minuten
Schwierigkeitsgrad: leicht
Utensilien: Backblech, Backpapier

Zutaten (für 1 Rolle à 10 Stück)

Für den Teig:

125 g lauwarmes Wasser
20 g Frischhefe
½ TL Zucker
3 EL Olivenöl
200 g Pizzamehl, Type 00
½ TL Salz

Für das Pesto:

1 großer Bund Basilikum
75 g Walnüsse
30 g Tomaten, getrocknet
80 g Parmesan-Alternative, z.B. Prosociano von Violife
125 g Olivenöl
1 TL Salz

außerdem:

1 Mozzarella, 125 g, in Scheiben
2 Tomaten, in dünnen Scheiben

1. Lauwarmes Wasser, Hefe, Zucker und Olivenöl **2 Minuten/ 37°C/ Stufe 2** im Mixtopf erhitzen.
2. Mehl und Salz hinzufügen und **2 Minuten/ Teigknetstufe** zu einem Teig verarbeiten.
3. Teig in eine Schüssel umfüllen und für 1 Stunde an einem warmen Ort abgedeckt gehen lassen, bis sich das Teigvolumen verdoppelt hat. Am Ende der Ruhezeit den Backofen auf 180°C Ober-/Unterhitze vorheizen und ein Backblech mit Backpapier auslegen.
4. Danach den Teig auf einer bemehlten Arbeitsfläche kurz durchkneten und ausrollen.
5. Basilikumblätter, Walnüsse, getrocknete Tomaten und Parmesan-Alternative in den Mixtopf geben und **8 Sekunden/ Stufe 8** vermischen und mit dem Spatel nach unten schieben. Olivenöl und Salz zugeben und nochmal **10 Sekunden/ Stufe 4** verrühren, Pesto umfüllen.
6. Das Pesto auf den Teig geben (der Rest lässt sich super in einem Glas im Kühlschrank aufbewahren), Mozzarellascheiben und Tomatenscheiben darauf verteilen und den Teig aufrollen, die Enden leicht andrücken.
7. Auf das vorbereitete Backblech legen und für 25 Minuten/ 180°C Ober-/Unterhitze im vorgeheizten Ofen backen.

1. Lauwarmes Wasser, Hefe, Zucker und Olivenöl solange in einer großen Schüssel verrühren, bis sich die Hefe aufgelöst hat.
2. Mehl hinzufügen und mit dem Knethaken des Rührgeräts oder mit den Händen zu einem homogenen Teig verarbeiten.

3. Teig für 1 Stunde abgedeckt, in einer separaten Schüssel, an einem warmen Ort gehen lassen, bis sich das Teigvolumen verdoppelt hat. Den Backofen auf 180°C Ober-/Unterhitze vorheizen.
4. Den Teig nach der Ruhezeit auf einer bemehlten Arbeitsfläche kurz durchkneten und ausrollen. Parmesan-Alternative reiben, zusammen mit Walnüssen, Basilikum, getrockneten Tomaten, Olivenöl und Salz in einen hohen schmalen Behälter geben und mit dem Pürierstab pürieren.
5. Dann mit Schritt 6 der TM-Anleitung fortfahren.

Pizza-Bruschetta

Knuspriger Pizzateig aus dem Ofen, saftig marinierte frische Tomaten und knackiger Rucola. Klingt das für euch nicht auch nach Sommer? Ich finde diese Kombination ist mal eine tolle Abwechslung zur klassischen Pizza und passt doch mit einem Gläschen Wein perfekt in den sommerlichen Sonnenuntergang!

Zubereitungszeit: 20 Minuten
Gehzeit: 2 Stunden
Backzeit: 10 Minuten
Schwierigkeitsgrad: mittel
Utensilien: Backblech, Backpapier

Zutaten (für 4 Pizzen)

Für den Teig:

250 g lauwarmes Wasser
40 g Frischhefe
½ TL Zucker
5 EL Olivenöl
500 g Pizzamehl, Type 00
1 TL Salz

Für das Topping:

½ Bund Petersilie
1 kleine Zwiebel, halbiert
20 g weißer Balsamicoessig
10 g Olivenöl
½ TL Salz
¼ TL Pfeffer
4 große Fleischtomaten, in Würfeln
2 Handvoll Rucola, gewaschen, ohne grobe Stiele

1. Lauwarmes Wasser, zerbröselte Hefe, Zucker und 4 EL Olivenöl **2 Minuten/ 37°C/ Stufe 2** im Mixtopf vermischen.
2. Mehl und Salz hinzufügen und **2 Minuten/ Teigknetstufe** durchkneten lassen.
3. Den Teig in eine separate Schüssel umfüllen und für 2 Stunden, abgedeckt, an einem warmen Ort, gehen lassen, bis sich sein Volumen verdoppelt hat. Am Ende der Ruhezeit den Backofen auf 175°C Ober-/ Unterhitze vorheizen und ein Backblech mit Backpapier auslegen.
4. Danach den Teig auf einer bemehlten Arbeitsfläche kurz durchkneten, in 4 gleichgroße Stücke teilen und diese sehr dünn ausrollen.
5. Die Pizzen auf das vorbereitete Backblech legen, mit 1 EL Olivenöl bestreichen und im vorgeheizten Backofen ca. 10 Minuten/ 175°C Ober-/ Unterhitze backen. Anschließend die Pizzaböden abkühlen lassen.
6. In der Zwischenzeit den Mixtopf reinigen. Für das Topping Petersilienblätter, Zwiebelhälften, Balsamico, Olivenöl, Salz und Pfeffer in den Mixtopf geben und **6 Sekunden/ Stufe 5** zerkleinern. Die Reste mit dem Spatel nach unten schieben.
7. Tomatenwürfel hinzufügen und **4 Sekunden/ Linkslauf/ Stufe 2** untermischen.
8. Die Masse auf den abgekühlten Pizzaböden verteilen, Rucola darüber streuen und servieren!

1. Lauwarmes Wasser, zerbröselte Hefe, Zucker und 4 EL Olivenöl solange in einer großen Schüssel verrühren, bis sich die Hefe aufgelöst hat.
2. Mehl hinzufügen und mit dem Knethaken des Rührgeräts oder mit den Händen zu einem homogenen Teig verarbeiten.
3. Den Teig in eine separate Schüssel füllen und abgedeckt für 2 Stunden an einem warmen Ort gehen lassen, bis sich das Volumen verdoppelt

Tipp
Wer mag, kann die Pizza noch mit Burrata toppen.

hat. Am Ende der Ruhezeit den Backofen auf 175°C Ober-/Unterhitze vorheizen und ein Backblech mit Backpapier auslegen.

4. Danach den Teig auf einer bemehlten Arbeitsfläche kurz durchkneten, in 4 gleichgroße Stücke teilen und diese sehr dünn ausrollen.
5. Die Pizzen auf das vorbereitete Backblech legen, mit 1 EL Olivenöl bestreichen und im vorgeheizten Backofen ca. 10 Minuten/ 175°C Ober-/Unterhitze backen.
6. Für das Topping Petersilienblätter und Zwiebeln fein hacken, Tomaten würfeln und in eine separate Schüssel geben. Balsamico, Olivenöl, Salz und Pfeffer dazugeben und vermengen.
7. Die Masse auf den abgekühlten Pizzaböden verteilen, Rucola darüberstreuen und servieren!

Spargel-Kräuter-Quiche

Wer in der Spargelzeit etwas anderes essen möchte als Kartoffeln, Spargel und Sauce hollandaise, trifft mit diesem Rezept absolut ins Schwarze. Die Kombination aus Spargel und frischen Kräutern ist einfach herrlich frisch und sorgt für Frühlingsgefühle. Reicht dazu ein Glas leichten Weißwein, setzt euch in die Sonne und macht einfach mal 1 Stunde Urlaub zu Hause!

Zubereitungszeit: 1 Stunde
Ruhezeit: 15 Minuten
Schwierigkeitsgrad: mittel
Utensilien: 1 Quiche-Form

Zutaten (für 1 Quiche)
Quiche-Teig, siehe Grundrezept von Seite 108
8 Stangen weißer Spargel
2 EL Zitronensaft
600 g Wasser
2 TL Gemüsepaste, siehe Seite 14
2 mittelgroße gekochte Kartoffeln, geschält, vom Vortag
200 g gemischte Kräuter, nach Belieben, z.B. Grüne Sauce-Kräuter – Boretsch, Kerbel, Kresse, Petersilie, Pimpinelle, Sauerampfer, Schnittlauch
150 g Sahne
50 g Schmand
2 Eier, Größe M
1 Prise Muskatnuss
½ TL Salz
1 Prise Pfeffer

1. Den Backofen auf 200°C Ober-/Unterhitze vorheizen. Den Teig wie im Grundrezept auf Seite 108 beschrieben zubereiten.
2. Den Spargel gründlich schälen und mit Zitronensaft einreiben. Wasser in den Mixtopf geben, Gemüsepaste hinzufügen und Varoma-Behälter aufsetzen. Spargel im Varoma verteilen und sicherstellen, dass einige Schlitze frei bleiben, damit der Dampf zirkulieren kann. Varoma verschließen, **20 Minuten/ Varoma/ Stufe 1** garen.
3. Nach Ende der Garzeit den Varoma vorsichtig abnehmen und das Wasser abgießen. Den Mixtopf mit kaltem Wasser ausspülen. Kräuter in den Mixtopf geben und **10 Sekunden/ Stufe 6** zerkleinern, mit dem Spatel nach unten schieben und nochmals **5 Sekunden/ Stufe 6** zerkleinern. Sahne, Schmand, Eier, Muskatnuss, Salz und Pfeffer dazugeben und **5 Sekunden/ Stufe 4** vermengen.
4. Die Quiche-Form fetten, den ausgerollten Teig darin ausbreiten und den überstehenden Rand abschneiden. Die Kartoffeln mit einer Gabel zerdrücken, mit etwas Salz würzen und auf den Quiche-Teig geben. Spargelstangen daraufsetzen und die Kräuter-Sahne-Masse darüber gießen.
5. Die Quiche im vorgeheizten Backofen für 20–25 Minuten/ 200°C Ober-/Unterhitze backen.

1. Den Backofen auf 200°C Ober-/Unterhitze vorheizen. Den Teig wie im Grundrezept auf Seite 108 beschrieben zubereiten.
2. Den Spargel schälen und in einen Topf mit Wasser zusammen mit dem Zitronensaft und der Gemüsepaste geben. Wer mag, gibt noch ein Stück Butter und einen TL Zucker ins Wasser. Das Wasser zum Kochen bringen und den Spargel ca. 15 Minuten köcheln lassen.
3. Die Kräuter fein hacken und mit Sahne, Schmand, Eiern, Muskatnuss, Salz und Pfeffer mischen.
4. Weiter mit Schritt 4 der TM-Anleitung.

Risotto & Risoni

Griechische Risoni-Pfanne

Hach ... mache ich heute Nudeln oder Reis, oder doch Nudeln? Mach einfach beides, denn diese kleinen Risoni sind wie eine Mischung aus Nudeln und Reis. Mich haben sie direkt an die griechische Küche erinnert, daher habe ich sie auch mit frischem Gemüse und selbstgemachtem Zaziki kredenzt!

Zubereitungszeit: 25–30 Minuten
Schwierigkeitsgrad: leicht

Zutaten (für 4 Portionen)

Zaziki:
2 Knoblauchzehen
200 g frische Gurke, entkernt
400 g griechischer Joghurt
½ TL Salz
¼ TL Pfeffer

Risoni:
3 EL Olivenöl
1 Zwiebel, halbiert
1 Zucchini, gewürfelt
1 rote Paprika, gewürfelt
3 TL Gyrosgewürz, siehe Tipp
250 g Cocktailtomaten, halbiert
400 g kochendes Wasser
250 g Risoni
150 g Fetakäse
Oliven, nach Geschmack
Petersilie, gehackt, zum Garnieren

1. Für das Zaziki den Knoblauch **3 Sekunden/ Stufe 7** zerkleinern und die Reste mit dem Spatel nach unten schieben. Die entkernte Gurke dazugeben und **5 Sekunden/ Stufe 5** zerkleinern. Wieder alles mit dem Spatel nach unten schieben. Joghurt, Salz und Pfeffer in den Mixtopf geben und **7 Sekunden/ Stufe 3** mischen und in eine separate Schüssel umfüllen.
2. Für die Risoni Öl und Zwiebelhälften in den sauberen Mixtopf geben, **5 Sekunden/ Stufe 5** zerkleinern und mit dem Spatel nach unten schieben. Zucchini- und Paprikawürfel dazugeben und **7 Minuten/ 120°C/ Linkslauf/ Stufe 1** dünsten.
3. Gyrosgewürz und halbierte Cocktailtomaten dazugeben und nochmal **3 Minuten/ 100°C/ Linkslauf/ Stufe 1** dünsten.
4. Wasser im Wasserkocher aufkochen und mit den Risoni in den Mixtopf hinzufügen, nach Packungsanweisung **10–14 Minuten/ 100°C/ Linkslauf/ Stufe 2** kochen. 2 Minuten vor Ende der Kochzeit die Hälfte des Fetas durch die Deckelöffnung hinein bröseln.
5. Vor dem Servieren den restlichen Feta darüberstreuen und mit Zaziki, Oliven und gehackter Petersilie dekorieren.

Für das Gyrosgewürz: Alle Gewürze in den Mixtopf geben und **10 Sekunden/ Stufe 5** vermengen.

1. Für das Zaziki die entkernte Gurke grob hobeln, Knoblauch pressen und beides mit Joghurt, Salz und Pfeffer mischen.
2. Für die Risoni Öl in einer Pfanne erhitzen und Zwiebel-, Paprika- und Zucchiniwürfel 5 Minuten darin anbraten.
3. Das Gyrosgewürz sowie die halbierten Cocktailtomaten dazugeben und weitere 3 Minuten dünsten.
4. Wasser im Wasserkocher aufkochen und mit den Risoni in die Pfanne geben, so lange köcheln lassen, je nach Packungsangabe 10–14 Minuten, bis die Risoni das Wasser aufgesogen haben.
5. Die Hälfte des Fetas in die Pfanne dazugeben und schön cremig rühren. Vor dem Servieren den restlichen Feta darüberstreuen und mit Zaziki, Oliven und gehackter Petersilie dekorieren.

Für das Gyrosgewürz: Alle Zutaten in einer Schüssel miteinander vermischen.

Gyros-Gewürz:

2 TL Meersalz
1 TL Knoblauchpulver
½ TL Rohrzucker
1 TL Paprikapulver
1 TL Zwiebelraspeln
½ TL Pfeffer, schwarz, gemahlen
1 TL Oregano, gerebelt
½ TL Rosmarin, geschnitten
½ TL Thymian, gerebelt
½ TL Koriander, gemahlen
½ TL Kreuzkümmel, gemahlen
¼ TL Chilipulver
½ TL Majoran, gerebelt

Tomatenrisotto

Eines der ersten Rezepte, die ich im Thermomix® getestet habe, war ein Risotto, weil ich es nicht glauben konnte, dass ein Rezept, welches mich sonst für fast 30 Minuten an den Topf gefesselt hat, jetzt wie von Zauberhand gelingt, ohne dass ich die ganze Zeit dabeistehe. Alle, die dieses Rezept ohne Thermomix® nachkochen: Tröstet euch mit einem Glas Wein über die dramatische Situation hinweg.

Zubereitungszeit: 40 Minuten
Schwierigkeitsgrad: mittel

Zutaten (für 4 Portionen)

150 g Parmesan-Alternative, z.B. Prosociano von Violife
100 g Tomaten, getrocknet, in Öl
1 Knoblauchzehe
1 Zwiebel, halbiert
60 g Olivenöl
250 g Risottoreis
150 g trockener Weißwein
550 g Wasser
2 TL Gemüsepaste, siehe Seite 14
500 g Kirschtomaten, halbiert oder geviertelt
50 g Butter, in Stücken
½ TL Salz
Pfeffer, gemahlen, nach Geschmack
Basilikumblätter, gehackt, zum Garnieren

1. Parmesan-Alternative in den Mixtopf geben und **10 Sekunden/ Stufe 8** zerkleinern, umfüllen und beiseitestellen.
2. Getrocknete Tomaten, Knoblauch und Zwiebelhälften in den Mixtopf geben, **5 Sekunden/ Stufe 8** zerkleinern und mit dem Spatel nach unten schieben. Olivenöl hinzugeben und **3 Minuten/ 100°C/ Stufe 2** andünsten. Risottoreis hinzufügen und **4 Minuten/ 120°C/ Sanftrührstufe** andünsten. Mit Weißwein ablöschen und **2 Minuten/ 120°C/ Stufe 1** köcheln. Danach Wasser, Gemüsepaste und 400 g Tomaten ebenfalls hinzugeben. Alles für **25 Minuten/ 100°C/ Linkslauf/ Sanftrührstufe** ohne Messbecher garen. Wenn es zu sehr spritzt, könnt ihr den Gareinsatz als Spritzschutz auf den Deckel stellen.
3. 10 Minuten vor Ende der Garzeit die Parmesan-Alternative, die restlichen Tomaten und die Butter hinzugeben und weiter dünsten lassen.
4. Mit Salz und Pfeffer abschmecken und mit Basilikum bestreut servieren.

1. Parmesan-Alternative reiben und beiseitestellen. Getrocknete Tomaten und Zwiebeln klein schneiden. Knoblauch fein hacken. Öl in einem Topf erhitzen und Tomaten, Zwiebeln und Knoblauch darin für 2 Minuten anschwitzen. Risottoreis hinzugeben und weitere 4 Minuten mit anschwitzen lassen. Mit Weißwein ablöschen und ca. 2 Minuten köcheln lassen. Umrühren nicht vergessen. Wasser mit der Gemüsepaste gut vermischen.
2. 400 g Tomaten in den Topf geben und nach und nach die Gemüsebrühe dazugeben. Immer, wenn ihr merkt, dass es zu trocken wird, oder sich der Reis zu sehr am Topf festsetzt, gebt wieder ein bisschen Brühe dazu. Nach ca. 15 Minuten Garzeit, die Parmesan-Alternative über das Risotto streuen und die Butter dazugeben. Die restlichen Tomaten kommen ebenfalls in den Topf. Und immer schön rühren und Brühe untermengen.
3. Nach 25 Minuten ist das Risotto gar und bereit zum Servieren. Mit Salz und Pfeffer abschmecken und mit Basilikum bestreut servieren.

Zitronenrisotto mit gebratenem Spargel

Alle die sagen, ein Thermomix® sei unnütz, haben darin noch nie Risotto gemacht! Es ist so herrlich einfach und gelingt wirklich immer. Das Schöne ist, dass man nicht die ganze Zeit am Topf bleiben muss, damit nichts anbrennt.

Aber auch ohne den Thermomix® lohnt sich der kleine Aufwand, denn das Ergebnis ist ein herrlich zitroniges, cremiges Risotto, das perfekt mit dem Spargel harmoniert.

Zubereitungszeit: 25 Minuten
Schwierigkeitsgrad: mittel

Zutaten (für 3–4 Portionen)

Für das Risotto:

30 g Parmesan-Alternative, z.B. Prosociano von Violife
10 g Olivenöl
150 g Risottoreis
40 g Weißwein
Saft und Abrieb von 1 Bio-Zitrone
400 g Wasser
1 TL Gemüsepaste, siehe Seite 14

Für den Spargel:

4 Stangen weißer Spargel
4 Stangen grüner Spargel
2 EL Olivenöl
1 TL Zucker
2 EL Weißweinessig
1 Prise Salz

Zum Garnieren:

1 Frühlingszwiebel, in Ringen

1. Parmesan-Alternative in den Mixtopf geben und **5 Sekunden/ Stufe 8** zerkleinern, umfüllen und beiseitestellen.
2. Öl und Reis in den Mixtopf geben und **4 Minuten/ 100°C/ Stufe 1** andünsten. Weißwein hinzufügen und erneut **2 Minuten/ 100°C/ Stufe 2** aufkochen.
3. Zitronensaft und -abrieb, Wasser und Gemüsepaste in den Mixtopf geben, kurz mit dem Spatel alles durchmischen und **13 Minuten/ 100°C/ Linkslauf/ Stufe 1** garen. Nach Ende der Garzeit die Parmesan-Alternative unterrühren.
4. In der Zwischenzeit weißen Spargel schälen, die holzigen Enden vom grünen Spargel abschneiden und beide Sorten in schräge Scheiben schneiden.
5. Öl in einer Pfanne erhitzen, Spargelscheiben zugeben und 3 Minuten anbraten, Zucker in die Pfanne geben und Spargel leicht karamellisieren lassen.
6. Mit Weißweinessig ablöschen und die Flüssigkeit vollständig einköcheln lassen, der Spargel sollte dann schön bissfest sein. Mit Salz würzen.
7. Risotto mit Spargel anrichten. Frühlingszwiebel in Ringe schneiden und das Gericht damit garnieren.

1. Öl in einem Topf erhitzen, Risottoreis zugeben und Reis unter Rühren 4 Minuten andünsten. Mit Weißwein ablöschen und 2 Minuten köcheln lassen. Die Gemüsepaste mit dem Wasser zu einer Gemüsebrühe verrühren.
2. Zitronenabrieb und Saft zu dem Reis geben.
3. Die Gemüsebrühe immer tassenweise zum Risotto geben. Wenn es zu dickflüssig wird, immer Gemüsebrühe nachgießen, bis sie aufgebraucht ist. Das Risotto sollte ca. 15 Minuten köcheln.
4. Bitte unbedingt darauf achten, dass ihr ständig umrührt, der Reis brennt sonst schnell am Topfboden an! Parmesan-Alternative reiben und am Ende der Garzeit unterheben.
5. Und weiter geht's mit Schritt 5 vom TM-Rezept.

Risotto-Frikadellen an Erdbeer-Spargelsalat

Also das nenne ich mal Reste-Essen deluxe! Ihr hattet gestern das Zitronenrisotto mit gebratenem Spargel von Seite 128 und noch Reste übrig? Dann braucht ihr nur noch ganz wenige Zutaten, um ein grandioses neues Gericht zu zaubern! Das ist genau nach meinem Geschmack. Die Risotto-Frikadellen könntet ihr auch mit ins Büro nehmen. Frikadelle in die Brotdose, Salat ins Glas, Dressing ins Döschen und ihr habt ein absolut nahrhaftes, ausgewogenes Mittagessen! Und übrigens, die Risotto-Frikadellen könnt ihr auch einfrieren … also falls etwas übrigbleibt.

Zubereitungszeit: 15 Minuten
Schwierigkeitsgrad: leicht

Zutaten (für 4 Frikadellen)
8 EL Zitronenrisotto vom Vortag, siehe Seite 128
75 g Mehl
½ TL Salz
1 Ei, Größe M
4–5 EL pflanzliches Öl
8 Erdbeeren, frisch, geputzt, in Stücken
40 g Walnüsse
2 EL Olivenöl
2 EL Himbeeressig
½ TL Senf, mittelscharf
1 Prise Salz
150 g Wildkräutersalat
200 g Spargel, gebraten, vom Vortag, siehe Seite 128

1. Risotto, Mehl, Salz und Ei in den Mixtopf geben, **15 Sekunden/ Linkslauf/ Stufe 3** verrühren und die Masse aus dem Mixtopf nehmen. Mit feuchten Händen ca. 7 cm große Frikadellen formen, sie sollten nicht höher als 1,5 cm sein, und in einer Pfanne in Öl von beiden Seiten ca. 4 Minuten braten, bis sie goldbraun sind.
2. Mixtopf spülen. Erdbeeren, Walnüsse, Olivenöl, Himbeeressig, Senf und Salz hineingeben und **3 Sekunden/ Stufe 4** verrühren.
3. Wildkräutersalat mit dem Spargel vom Vortag mischen, Dressing darüber geben und zusammen mit den saftigen Risotto-Frikadellen anrichten.

1. Risotto in eine Schüssel geben und mit Mehl, Salz und Ei mit den Händen zu einer homogenen Masse vermengen. Wenn die Masse zu klebrig ist, noch ein bisschen Mehl zufügen. Mit feuchten Händen ca. 7 cm große Frikadellen formen, sie sollten nicht höher als 1,5 cm sein, und in einer Pfanne in Öl von beiden Seiten ca. 4 Minuten braten, bis sie goldbraun sind.
2. Erdbeeren klein schneiden, Walnüsse grob hacken. Olivenöl, Himbeeressig, Senf und Salz verrühren und zu den Walnüssen und Erdbeeren geben.
3. Wildkräutersalat mit dem Spargel vom Vortag mischen, Dressing darüber geben und zusammen mit den saftigen Risotto-Frikadellen anrichten.

Suppen

Kürbissuppe

Das perfekte Gericht für einen kalten Herbsttag. Diese Kürbissuppe ist eine echte Vitaminbombe! Durch die Kombination mit Apfel und Ingwer wird sie nicht nur fruchtig, sondern auch leicht scharf. Wer mag, kann noch einen Schuss Kokosmilch hinzufügen, ich finde sie auch so schon grandios!

Zubereitungszeit: 35 Minuten
Schwierigkeitsgrad: leicht
Utensilien: Pürierstab (Rezept ohne TM)

Zutaten (für 6 Portionen)

3 EL Pflanzenöl
400 g Hokkaidokürbis, entkernt, in Würfeln
1 kleiner Apfel, geschält, entkernt, in Stücken
2 kleine Möhren, geschält, in Stücken
25 g frischer Ingwer, geschält, in Scheiben
1 große Zwiebel, halbiert
½ Chilischote
1000 g Wasser
2 TL Gemüsepaste, siehe Seite 14
1 TL Honig
Salz, Pfeffer, nach Belieben

Zum Garnieren:
Kürbiskernöl
Kürbiskerne

1. Öl, Kürbiswürfel, Apfelstücke, Möhrenstücke, Ingwerscheiben, Zwiebelhälften und Chilischote in den Mixtopf geben, **3 Minuten/ 100°C/ Stufe 1** andünsten.
2. Wasser und Gemüsepaste dazugeben, mithilfe des Spatels umrühren und **20 Minuten/ 100°C/ Stufe 1** kochen lassen.
3. Honig zugeben und **15 Sekunden/ Stufe 5–9** ansteigend pürieren, mit Salz und Pfeffer abschmecken.
4. Mit Kürbiskernöl und Kürbiskernen garnieren und servieren.

1. Öl in einem Topf erhitzen. Kürbiswürfel, Apfelstücke, Möhrenstücke, Ingwerscheiben, Zwiebelhälften und Chilischote zugeben und 5 Minuten unter Rühren andünsten.
2. Wasser und Gemüsepaste dazugeben, umrühren und 20 Minuten kochen lassen, bis der Kürbis weich ist.
3. Honig hinzufügen und die Suppe mit dem Pürierstab fein pürieren, mit Salz und Pfeffer abschmecken.
4. Mit Kürbiskernöl und Kürbiskernen garnieren und servieren.

Käsesuppe mit Nusscrunch

Diese cremige Käsesuppe ist genau das Richtige für kalte Tage. Ich gebe zu, sie ist nicht unbedingt diättauglich, aber hier ist jeder Löffel die Kalorien wert! Der Nusscrunch rundet diese leckere Suppe ab. Serviert sie mit einem frischen Vollkornbaguette und einem Gläschen Wein. Ihr und eure Gäste werdet begeistert sein!

Zubereitungszeit: 25 Minuten
Schwierigkeitsgrad: leicht

Zutaten (für 4 Portionen)

80 g Walnusskerne
1 kleine Zwiebel, halbiert
1 EL Butter
1 geh. EL Mehl
250 g Apfelsaft
500 g Wasser
1 TL Gemüsepaste, siehe Seite 14
200 g Kochkäse
¼ TL Salz
¼ TL Pfeffer
2 Msp. Muskat
200 g Cheddar, gerieben
optional glatte Petersilie zum Garnieren

1. Walnüsse in den Mixtopf geben und **3 Sekunden/ Stufe 5** zerkleinern, mit dem Spatel nach unten schieben. Anschließend **1 Minute/ Varoma/ Stufe 1** rösten und umfüllen.
2. Zwiebelhälften in den Mixtopf geben und **5 Sekunden/ Stufe 5** zerkleinern. Reste mit dem Spatel nach unten schieben.
3. Butter zugeben und **2 Minuten/ 100°C/ Stufe 1** dünsten. Mehl zugeben und wieder **2 Minuten/ 100°C/ Stufe 1** anschwitzen.
4. Apfelsaft, Wasser und Gemüsepaste hinzufügen und **5 Minuten/ 100°C/ Stufe 3** aufkochen. Den Kochkäse sowie die Gewürze hinzufügen und **8 Minuten/ 100°C/ Stufe 2** weiterköcheln lassen. Währenddessen nach und nach den geriebenen Cheddar zugeben.
5. Zum Schluss die Suppe **10 Sekunden/ Stufe 7** verrühren.
6. In Schüsseln verteilen, die Nüsse darüber geben und nach Geschmack mit Petersilie garnieren.

1. Zwiebel in kleine Würfel schneiden.
2. Butter in einer Pfanne erhitzen und die Zwiebel darin glasig dünsten. Das Mehl zugeben und kurz anschwitzen. Mit dem Apfelsaft und dem Wasser ablöschen und die Gemüsepaste unterrühren.
3. Unter Rühren aufkochen lassen. Den Kochkäse sowie die Gewürze zugeben und weiter köcheln lassen. Nach und nach den geriebenen Cheddar einrühren.
4. Während die Suppe köchelt, die Walnüsse grob hacken und in einer Pfanne ohne Fett rösten.
5. Nach insgesamt 10 Minuten Kochzeit kann die Suppe serviert werden.
6. In Schüsseln verteilen, die Nüsse darüber geben und nach Geschmack mit Petersilie garnieren.

Sattmacher-Tomatensuppe mit Einlage

Diese Suppe ist eine meiner Lieblingssuppen … warum? Weil sie jeder am Tisch so „pimpen“ kann, wie er es mag. Denn der Suppentopf kommt zusammen mit einem großen Tablett voller Suppeneinlagen auf den Tisch. Im Rezept habe ich ein paar Ideen für euch zusammengestellt, sind alle kein Muss, sondern sollen euch nur ein paar Varianten aufzeigen, wie jeder seine Suppe zu einem super gesunden Sattmacher und vollwertigem Gericht machen kann!

Zubereitungszeit: 30 Minuten
Schwierigkeitsgrad: leicht

Zutaten (für 4 Portionen)

Für die Suppe:

50 g Parmesan-Alternative, z.B. Prosociano von Violife
3 geröstete Paprika, aus dem Glas
3 Frühlingszwiebeln, in Stücken
5 große Tomaten, geviertelt
500 g passierte Tomaten
1 TL Salz
½ TL Pfeffer
1 TL Oregano, getrocknet

Optionale Suppeneinlagen:

Avocado
Mais
Feta
Kichererbsen
Milde oder scharfe Peperoni
Nachos
Schmand
Frühlingszwiebeln
Petersilie

1. Parmesan-Alternative in den Mixtopf geben und **5 Sekunden/ Stufe 8** zerkleinern und umfüllen.
2. Geröstete Paprika aus dem Glas in den Mixtopf geben, dabei gerne auch ein bisschen von dem Öl aus dem Glas zugeben. Frühlingszwiebeln hinzufügen und **4 Minuten/ 100°C/ Stufe 2** andünsten.
3. Tomatenviertel hinzufügen und **7 Sekunden/ Stufe 4** zerkleinern. Die Reste mit dem Spatel nach unten schieben und die Parmesan-Alternative hinzugeben. Die Mischung **8 Minuten/ 100°C/ Stufe 1** köcheln lassen.
4. Passierte Tomaten, Salz, Pfeffer und Oregano dazugeben und weitere **10 Minuten/ 100°C/ Stufe 1** kochen.
5. In der Zwischenzeit alles, was man als Suppeneinlage möchte, würfeln und auf einem großen Tablett anrichten. Ich habe zusätzlich noch ein paar Nachos kurz im Ofen mit Käse überbacken, die geben noch einen ganz tollen Crunch.

1. Parmesan-Alternative reiben.
2. Geröstete Paprika aus dem Glas in einen Topf geben, dabei gerne auch ein bisschen von dem Öl aus dem Glas zugeben. Frühlingszwiebeln hinzufügen und ca. 4 Minuten anrösten.
3. Tomaten in Würfel schneiden und in den Topf geben, 10 Minuten einköcheln lassen.

4. Im Anschluss passierte Tomaten, Parmesan-Alternative, Salz, Pfeffer und Oregano hinzufügen und weitere 10 Minuten köcheln lassen.
5. In der Zwischenzeit alles, was man als Suppeneinlage möchte, würfeln und auf einem großen Tablett anrichten. Ich habe zusätzlich noch ein paar Nachos kurz im Ofen mit Käse überbacken, die geben noch einen ganz tollen Crunch.

Orientalische Linsensuppe

Linsensuppe kann ja jeder, aber orientalisch angehaucht sorgt sie für eine absolute Geschmacksexplosion. Der knusprig gebratene Tofu erinnert ein bisschen an Speck, nur besser!

Zubereitungszeit: 40 Minuten
Schwierigkeitsgrad: leicht

Zutaten (für 6 Portionen)

1 Möhre, geschält, in Stücken
1 Stange Staudensellerie, in Stücken
1 Zwiebel, halbiert
1 EL pflanzliches Öl
250 g Tellerlinsen
150 g Süßkartoffeln, in Würfeln, ca. 0,5 cm
300 g Wasser
150 g passierte Tomaten
2 TL Gemüsepaste, siehe Seite 14
1 TL Garam Masala
1 EL Currypulver, mild

50 g Tofu, geräuchert
2 EL pflanzliches Öl
3–4 Stängel Koriander, gehackt

1. Möhrenstücke, Selleriestücke und Zwiebelhälften in den Mixtopf geben, **5 Sekunden/ Stufe 5** zerkleinern, mit dem Spatel nach unten schieben. Öl zugeben und **2 Minuten/ 100°C/ Stufe 1** dünsten.
2. Linsen, Süßkartoffeln, Wasser, passierte Tomaten, Gemüsepaste, Garam Masala und Currypulver zugeben und **30 Minuten/ 100°C/ Linkslauf/ Stufe 2** köcheln.
3. In der Zwischenzeit den Tofu in feine Würfelchen schneiden und scharf in einer Pfanne in Öl anbraten, sodass er knusprig wird.
4. Suppe mit „Tofu-Speck" und gehacktem Koriander servieren.

1. Möhre, Sellerie und Zwiebel in kleine Würfel schneiden und 2 Minuten in einem Topf in Öl andünsten.
2. Linsen, Süßkartoffeln, Wasser, passierte Tomaten, Gemüsepaste, Garam Masala und Currypulver zugeben, zum Kochen bringen und 25 Minuten köcheln.
3. In der Zwischenzeit den Tofu in feine Würfelchen schneiden und scharf in einer Pfanne in Öl anbraten, sodass er knusprig wird.
4. Suppe mit „Tofu-Speck" und gehacktem Koriander servieren.

Kartoffel dich glücklich

Kartoffelnester mit Ei in Frankfurter „Grie Soss"

Gerade im Frühling mag ich sie einfach sehr gerne. Traditionell wird die „Grie Soß" mit gekochten Eiern und Salzkartoffeln angerichtet. Ich habe den Klassiker ein wenig abgewandelt. An dem Rezept mag ich so gerne, dass die Kartoffeln und die Eier im Ofen garen und man in Ruhe die Grüne Sauce zubereiten kann. Die Kartoffelnester erinnern etwas an Kartoffelpuffer, aber man erspart sich einfach das fettige Anbraten in der Pfanne.

Zubereitungszeit: 5–10 Minuten
Backzeit: 40 Minuten
Schwierigkeitsgrad: leicht
Utensilien: Küchentuch, Backblech, Backpapier

Zutaten (für 4 Portionen)
400 g Kartoffeln, mehligkochend, geschält, in Stücken
Salz, Pfeffer
1 Packung (100 g) Grüne Sauce-Kräuter, z.B. Hans Grötsch Grüne Sauce
150 g Schmand
300 g Magerquark
2 TL Senf
1 große Gewürzgurke
½ Zwiebel
70 g Gurkenflüssigkeit
25 g weißer Balsamico-Essig
1 TL Salz
½ TL Zucker
4 Eier, Größe M

1. Den Ofen auf 200°C Ober-/Unterhitze vorheizen.
2. Die Kartoffeln schälen und in Stücken in den Mixtopf geben. **6 Sekunden/ Stufe 5** zerkleinern, in ein sauberes Küchentuch geben und ausdrücken. Mit Salz und Pfeffer würzen und 4 Häufchen auf ein mit Backpapier belegtes Backblech geben. In die Mitte der Nester mit dem Boden eines Glases eine Mulde drücken.
3. Die Kartoffelnester im vorgeheizten Backofen 15 Minuten/ 200°C Ober-/Unterhitze backen. In der Zwischenzeit die Frankfurter „Grie Soß" zubereiten.
4. Die Kräuter aus der Grie-Soß-Mischung von groben Stielen befreien und in den Mixtopf geben. **13 Sekunden/ Stufe 6** zerkleinern, mit dem Spatel nach unten schieben und nochmals **10 Sekunden/ Stufe 6** zerkleinern.
5. Schmand, Quark, Senf, Gewürzgurke, Zwiebel, Gurkenflüssigkeit, Balsamico, Salz und Zucker hinzufügen und **10 Sekunden/ Stufe 5** vermischen.
6. Die Kartoffelnester nach 15 Minuten aus dem Ofen holen, die Eier aufschlagen und je eines in die Mulde der Kartoffelnester geben. Nochmals für 10 Minuten in den Ofen geben.
7. Die „Grie Soß" zu den Nestern anrichten.

1. Den Ofen auf 200°C Ober-/Unterhitze vorheizen.
2. Die Kartoffeln je nach Geschmack grob oder fein raspeln. Mit Salz und Pfeffer würzen und 4 Häufchen auf ein mit Backpapier belegtes Backblech geben. In die Mitte der Nester mit dem Boden eines Glases eine Mulde drücken. Den Ofen auf 200°C Ober-/Unterhitze vorheizen.
3. Die Kartoffelnester im vorgeheizten Backofen 15 Minuten/ 200°C Ober-/Unterhitze backen. In der Zwischenzeit die Frankfurter „Grie Soß" zubereiten.
4. Alle Kräuter mit einem Stabmixer oder anderem Mixer sehr fein zerkleinern. Zwiebel und Gurke dazugeben und mit untermischen, sodass sie eigentlich nicht mehr zu erkennen sind. Dann die restlichen Zutaten dazugeben und alles auf höchster Stufe vermischen, bis die Sauce schön grün ist und die Kräuter fein genug sind.
5. Die Kartoffelnester nach 15 Minuten aus dem Ofen holen, die Eier aufschlagen und je eines in die Mulde der Kartoffelnester geben. Nochmals für 10 Minuten in den Ofen geben.
6. Die „Grie Soß" zu den Nestern anrichten.

Kartoffel-Pastinaken-Stampf an Paprikagemüse und gedämpftem Feta

Zubereitungszeit: 35–40 Minuten
Schwierigkeitsgrad: leicht
Utensilien: Backblech, Backpapier, 1 kleine Auflaufform (für das Rezept ohne TM)

Zutaten (für 4 Portionen)

Für das Paprikagemüse:
1 rote Paprika, in Stücken
100 g Cocktailtomaten, halbiert
3 EL Olivenöl
2 Msp. Zitronenabrieb
¼ TL Thymian, getrocknet
¼ TL Oregano, getrocknet
¼ TL Basilikum, getrocknet
¼ TL Salz
1 Knoblauchzehe, in Scheiben

außerdem:
400 g Feta

Für den Stampf:
500 g Wasser
200 g Pastinaken, geschält, in Scheiben
400 g Kartoffeln, mehligkochend, geschält, in Würfeln
30 g Butter
200 g Milch
1 TL Salz
¼ TL Pfeffer
1 Prise Muskat, gerieben

Ein tolles, leichtes Gericht, welches sich komplett im Thermomix® zaubern lässt. Aber keine Angst, auch ohne benötigt es nicht viele Handgriffe, bis dieses Gericht bei euch auf dem Tisch steht. Wer noch nie mit der Pastinake Bekanntschaft gemacht hat: Sie ist ein typisches Wintergemüse, hat einen leicht süßlichen und nussigen Charakter und peppt den klassischen Kartoffelstampf daher super auf! Gerade an kalten Tagen ist sie zudem ein toller Nährstoff- und Vitamin-Lieferant und versorgt dich mit reichlich Vitamin E, C, Kalium und Folsäure.

1. Alle Zutaten für das Paprikagemüse in den Mixtopf geben, **4 Sekunden/ Stufe 4** zerkleinern.
2. Aus dem Backpapier eine kleine Schale mit Rand formen, den Fetakäse darauflegen und das Paprikagemüse darüber geben. In den Varoma legen und darauf achten, dass nicht alle Dampfschlitze verdeckt sind, damit der Dampf zirkulieren kann.
3. Wasser in den Mixtopf geben, Gareinsatz einhängen, Pastinaken und Kartoffeln einwiegen, Varoma-Behälter aufsetzen, **25 Minuten/ Varoma/ Stufe 1** garen. Varoma abnehmen und warmhalten. Den Gareinsatz vorsichtig entnehmen und den Mixtopf leeren.
4. Kartoffeln und Pastinaken aus dem Gareinsatz in den Mixtopf geben. Butter, Milch, Salz, Pfeffer und Muskat ebenfalls hinzufügen und **10 Sekunden/ Stufe 3** zu einem stückigen Stampf verrühren.
5. Zusammen mit dem Feta und dem Paprikagemüse servieren.

1. Paprika in Streifen oder Würfel schneiden und mit allen weiteren Zutaten für das Paprikagemüse vermischen. Den Backofen auf 180°C Ober-/Unterhitze vorheizen.
2. Den Fetakäse in eine kleine Auflaufform geben und das Paprikagemüse darüber verteilen. Auf einem Backblech im vorgeheizten Backofen 20 Minuten/ 180°C Ober-/Unterhitze backen.
3. In der Zwischenzeit Pastinaken und Kartoffeln kochen, abgießen und Butter, Milch, Salz, Pfeffer und Muskat mit in den Topf geben.
4. Mit einem Kartoffelstampfer zu einem stückigen Püree stampfen.
5. Zusammen mit dem Feta und dem Paprikagemüse servieren.

Kartoffel-Schwarzwurzel-Gratin

Schwarzwurzel - der Spargel der Armen. Diesen Ruf hat die Schwarzwurzel aus meiner Sicht zu Unrecht. Ich muss zu meiner Schande gestehen, dass ich das Gemüse erst vor kurzer Zeit das erste Mal probiert habe, aber ich war sofort begeistert und habe dieses tolle Gratin damit gezaubert.

Zubereitungszeit: 30–35 Minuten
Backzeit: 25 Minuten
Schwierigkeitsgrad: leicht
Utensilien: 1 Auflaufform, alter-nativ 4–5 kleine Förmchen

Zutaten (für 4 Portionen)

200 g Bergkäse, in Stücken
500 g Wasser
2 TL Salz
300 g Kartoffeln, festkochend, geschält, in Würfeln
250 g Schwarzwurzeln, geschält, in Scheiben
30 g Mehl
30 g Butter
300 g Sahne
1 TL Honig
½ TL Thymian
1 Prise Muskatnuss
1 TL Gemüsepaste, siehe Seite 14

1. Bergkäse in den Mixtopf geben, **5 Sekunden/ Stufe 6** zerkleinern und umfüllen. Den Backofen auf 200°C Ober-/Unterhitze vorheizen.
2. Wasser und 1 TL Salz in den Mixtopf geben, Kartoffelwürfel und Schwarzwurzelscheiben in den Gareinsatz geben und einhängen. **20 Minuten/ Varoma/ Stufe 1** garen und danach in eine Auflaufform oder in 4–5 kleine Förmchen geben.
3. Mehl und Butter in den Mixtopf geben und **2 Minuten/ 100°C/ Stufe 1** dünsten. Sahne, Honig, Thymian, Muskatnuss, Gemüsepaste und Käse zugeben und **5 Minuten/ 100°C/ Stufe 2** köcheln.
4. Masse über das Gemüse in die Auflaufform oder die kleinen Förmchen geben und im vorgeheizten Ofen für 25 Minuten/ 200°C Ober-/Unterhitze überbacken.

1. Kartoffelwürfel und Schwarzwurzelscheiben in Salzwasser 20 Minuten kochen, Wasser abgießen und das Gemüse in eine Auflaufform oder 4–5 kleine Förmchen geben. Den Backofen auf 200°C Ober-/Unterhitze vorheizen.
2. Den Käse reiben.
3. Butter in einen Topf geben und schmelzen, Mehl zugeben und gut verrühren. Die Sahne unter Rühren zugießen. Honig, Thymian, Muskatnuss, Gemüsepaste und Käse zugeben und 5 Minuten köcheln lassen.
4. Masse über das Gemüse in der Auflaufform oder in den Förmchen geben und im vorgeheizten Ofen für 25 Minuten/ 200°C Ober-/Unterhitze überbacken.

Tipp

Der austretende Saft beim Schälen von Schwarzwurzeln kann die Hände verfärben, daher ist es empfehlenswert, bei der Zubereitung Lebensmittelhandschuhe zu tragen. Das geschälte Gemüse läuft sehr schnell braun an, daher am besten direkt nach dem Schälen in Zitronen- oder Essigwasser legen.

Knödelrolle mit Pilzfüllung

Dieses Rezept habe ich an meinem ersten vegetarischen Weihnachtsfest zubereitet. Ich finde, man kann ruhig eine festliche Alternative zum Gänsebraten zaubern. Die größte Bestätigung ist ja dann, wenn die Fleischesser am Tisch fragen, ob sie mal bei dir probieren dürfen.
Serviert dazu zum Beispiel eine leckere vegetarische Bratensauce und einen kleinen Feldsalat und ihr habt ein tolles Gericht.

Zubereitungszeit: 2 Stunden 10 Minuten
Schwierigkeitsgrad: mittel
Utensilien: Frischhaltefolie, 1 sauberes Küchentuch

Zutaten (für 8 Portionen)
½ Bund Petersilie
½ Bund Schnittlauch
500 g gemischte Pilze, geputzt
1 Zwiebel, halbiert
25 g Butter
100 g Weißwein
½ TL Salz
½ TL Pfeffer
1 Packung fertiger Kloßteig halb & halb, 750 g, z.B. von Henglein
ca. 1–2 EL Mehl

1. Petersilienblätter und Schnittlauch in den Mixtopf geben, **5 Sekunden/ Stufe 5** zerkleinern und umfüllen.
2. 250 g der Pilze in den Mixtopf geben, **4 Sekunden/ Stufe 5** mithilfe des Spatels zerkleinern und umfüllen, mit der anderen Hälfte der Pilze genauso verfahren.
3. Zwiebelhälften in den Mixtopf geben und **5 Sekunden/ Stufe 5** zerkleinern, mit dem Spatel nach unten schieben und die Butter zugeben. **3 Minuten/ 100°C/ Stufe 1** andünsten.
4. Halbierte Pilze zugeben und **4 Minuten/ 120°C/ Linkslauf/ Stufe 1** anbraten. Petersilie, Schnittlauch, Weißwein, Salz und Pfeffer zugeben und **15 Minuten/ 100°C/ Linkslauf/ Stufe 2** köcheln. Der Weißwein sollte danach verdampft sein.
5. In der Zwischenzeit ein sauberes Küchentuch ausbreiten und mit Mehl bestäuben. Die Knödelmasse darauf gleichmäßig zu einem Viereck verteilen. Der Teig sollte nicht höher als 1 cm sein.
6. Die Pilzmasse gleichmäßig auf dem Teig verteilen. Mit der langen Seite des Tuches vorsichtig anfangen die Knödelmasse aufzurollen. Wenn die Rolle fertig ist, teilt sie einmal in der Mitte, da sie sonst zu lang für den Varoma ist.
7. Anschließend die Rollen vom Küchentuch auf die Frischhaltefolie geben. Fest in die Frischhaltefolie einwickeln und die Enden gut verdrehen. Knödelrollen in den Varoma legen.
8. Varoma aufsetzen und **45 Minuten/ Varoma/ Stufe 1** garen. Varoma abnehmen, die Knödelrollen in 8 Portionen teilen und servieren.

Laura Wieland
Vegane Rezepte

Kochen mit dem Thermomix®
112 Seiten, Format: 19 x 23 cm, Flexcover,
durchgehend farbig bebildert,
ISBN: 978-3-96058-087-4, 14,99 €

Ethisch, vielfältig und bunt - die vegane Küche ist so entdeckungslustig und international wie kaum eine andere! Ob du dich selbst vegan ernähren oder für vegane Freunde ein Essen zubereiten möchtest, hier findest du gesunde, abwechslungsreiche Rezepte von Couscous-Salat über Maronencremesuppe bis zum Marokkanischen Gemüsetopf - natürlich ganz ohne tierische Zutaten! Alle lassen sich ganz leicht mit dem TM5® und TM31® zubereiten - das Schneiden von Gemüse und Obst erledigt der Thermomix® für dich.
Laura Wieland hat in diesem Buch die leckersten und originellsten veganen Rezeptideen aus ihrer Sammlung zusammengestellt. Zusätzlich findest du viele Tipps zu veganen Zutaten und Zubereitungsarten, mit denen du selbst ganz nach deinem Geschmack traditionelle Gerichte neu entdecken und vegane Köstlichkeiten kreieren kannst.

Rüdiger Busche
mixtipp: Clean Eating

Kochen mit dem Thermomix®
128 Seiten, Format: 17 x 24 cm, Klappenbroschur,
durchgehend farbig bebildert,
ISBN: 978-3-96058-108-6, 9,99 €

In heutigen Zeiten benötigen wir "cleane" Lebensmittel mehr denn je: Fertiggerichte, Gewürzmischungen oder zubereitete Obst- und Gemüsesorten führen wir uns immer mehr Geschmacksverstärker und Zuckersorten zu, die für eine gesunde Ernährung völlig überflüssig sind. "Clean Eating" hingegen öffnet das Bewusstsein für Lebensmittel, die bei vielen längst in Vergessenheit geraten waren, immer mit den Prämissen: "Saisonal, regional, unverarbeitet! Frisch, keine Zusatzstoffe, weniger Salz, keine Süßstoffe, kaum Zucker".
Rüdiger Busche, Pionier der LowCarb-Küche in Deutschland, hat schon immer mit frischen Zutaten gekocht, um sich und seine Familie gesund zu ernähren. Mit dem Team mixtipp stellt er hier seine neuesten und spannendsten Rezepte vor, vom Römischen Risotto mit Emmer, roter Beete und Pflaumen über Tiroler Spinatknödel und Spargel Carbonara bis hin zu der selbstgemachten Instant-Gemüsebrühe.
Entscheide dich fürs Clean Eating. Der Thermomix® hilft dir dabei!

1. Petersilie und Schnittlauch fein hacken. Zwiebel würfeln.
2. Pilze putzen und in 0,5 cm große Würfel schneiden.
3. Gewürfelte Zwiebeln in einer Pfanne in Butter glasig dünsten, halbierte Champignons zugeben und ca. 4 Minuten scharf anbraten.
4. Mit Weißwein ablöschen und Petersilie, Schnittlauch, Salz und Pfeffer hinzufügen. Alles 10 Minuten einköcheln lassen.
5. In der Zwischenzeit ein sauberes Küchentuch ausbreiten und mit Mehl bestäuben. Die Knödelmasse darauf gleichmäßig zu einem Viereck verteilen. Der Teig sollte nicht höher als 1 cm sein.
6. Die Pilzmasse gleichmäßig auf dem Teig verteilen. Mit der langen Seite des Tuches vorsichtig anfangen die Kloßmasse aufzurollen.
7. Anschließend die Rolle vom Küchentuch auf die Frischhaltefolie geben. Fest in die Frischhaltefolie einwickeln und die Enden gut verdrehen. An die Enden Küchengarn binden und an einem Holzkochlöffel befestigen.
8. In einem großen Topf Wasser zum Kochen bringen, die eingewickelte Rolle hineingeben und den Holzkochlöffel auf den Topf legen, sodass die Knödelrolle im Wasser hängt. Die Temperatur so regulieren, dass das Wasser nur simmert. Nach 30 Minuten sollte die Knödelrolle fertig sein.